AF558984

Rainer Klutsch

Am Herd meiner Oma – Familienrezepte aus Siebenbürgen

Fotos von Stephanie Trenz

ars vivendi

Inhalt

Vorwort

Als ich 2013 das letzte Mal zusammen mit meiner Familie die Heimat meiner Vorfahren in Siebenbürgen besuchte, wohnten wir in einer Hütte in den Karpaten. Ich kenne die Gegend gut, denn meine Brüder und ich verbrachten in den Sommerferien oft mehrere Wochen am Stück bei unseren Verwandten in Rumänien und bekamen in dieser Zeit viele Einblicke in das dortige Leben. Doch immer, wenn wir wieder in Deutschland waren und Oma Edith von der alten Heimat in Weidenbach erzählte oder von Kronstadt, leuchteten ihre Augen. Ich träumte dann als kleiner Bub vom nächsten Rumänienbesuch: von den grünen Hügelketten, den verwunschenen Tälern und prächtigen Burgen inmitten von Wäldern. Siebenbürgen erschien mir immer wieder aufs Neue als Paradies, in dem es das frischeste Gemüse, die knackigsten Äpfel und das schmackhafteste Fleisch gab. Denn in den Ferien gab es für uns Jungs das leckerste Essen des ganzen Jahres – so einfach und doch so besonders. So spürte ich schon immer diese Verbundenheit mit dem fernen Karpatenstaat, aus dem meine Vorfahren wie so viele andere in den 1970er Jahren nach Deutschland kamen. Damals flüchtete Oma mit ihrer Familie nach Deutschland, da das Leben für deutsche Siedler im kommunistischen Rumänien nicht mehr so einfach war. Doch die alte Heimat blieb unvergessen und so lag ich in jenem Sommer in dieser Hütte in den Bergen Transsilvaniens, wie Siebenbürgen oft auch genannt wird, und kam ins Nachdenken. Ich fühlte mich mit der Landschaft, dem alten Hof der Familie und vor allem mit dem Essen so vertraut. Denn alles, was ich heute bin und wofür ich als Koch stehe, weiß ich von meiner Oma Edith, deren Familie ursprünglich aus der Gegend um Trier stammte, aber seit Generationen in Siebenbürgen heimisch war. Ihre Wertschätzung für das Kleine, das Einfache prägt heute meinen Kochstil.

Sie schöpfte aus dem, was sie zur Verfügung hatte, und nahm sich Zeit, gutes, schmackhaftes Essen zuzubereiten, was heute leider fast niemand mehr tut. Dieses Erbe möchte ich mit diesem Buch weitergeben. Denn auch, wenn ich eigentlich ein Schwabe mit Siebenbürger Wurzeln bin und in Deutschland aufwachsen durfte, möchte ich Sie dazu anregen, doch auch mal in der familiären Rezept- und Geschichtentruhe zu stöbern und alte Gerichte und Erzählungen wiederzuentdecken. Bei mir setzte die Beschäftigung mit meinen Vorfahren nämlich einen Prozess in Gang, der mich auf das besinnen ließ, wer ich war und was ich hatte – in der heutigen Zeit fällt auch das oft immer schwerer. Für dieses Kochbuch müssen Sie nicht die schickste Küche und besten Küchengeräte besitzen oder die exotischsten Lebensmittel verwenden. Oma Edith, die 2019 mit 97 Jahren gestorben ist, kochte mit Liebe und viel Zeit – es hätte sie sicher gefreut, wenn sie ihre Grundsätze mit diesem Kochbuch verewigt gesehen hätte. Kochen Sie drauflos, ich verspreche Ihnen, es wird schmecken wie in Siebenbürgen!

Ich wünsche Ihnen viel Spaß beim Lesen und Nachkochen.

Ihr Rainer Klutsch

Die siebenbürgisch-sächsische Speisekammer

Supermärkte gab es nicht, also musste die Speisekammer mit haltbar gemachten Lebensmitteln dienen. Hier wurde das ganze Jahr über Eingelegtes und Wurzelgemüse gelagert. Folgende Zutaten waren in Omas Regalen Dauergäste und stellen im Grunde die Essenz der Siebenbürger Küche dar:

Knoblauch
Zwiebeln
Bauchspeck
Schweineschmalz
Sauerkraut
eingelegtes Gemüse (z. B. Gurken, Auberginen, Paprika, Tomaten)
eingelegtes Obst (z. B. Kirschen, Zwetschgen, Aprikosen, Quitten, Äpfel)
Kartoffeln
Marmeladen
Kompotte
Mehl
Eier

Omas Siebenbürgen-Küche

Wenn ich den Kochstil meiner Oma mit zwei Wörtern beschreiben müsste, dann wären diese »saisonal« und »regional«. Und das kommt auch nicht von ungefähr: Die Siebenbürger Sachsen lebten häufig auf dem Land in kleinen Dörfern und mussten von dem leben, was ihnen die umliegende Natur zu bieten hatte; Supermärkte und selbst kleinere Läden waren Mangelware. Im Sommer wurde auf das zurückgegriffen, was Felder, Gemüsebeete, Obstbäume und -sträucher im Garten an Köstlichkeiten hervorbrachten, im Winter spielte die Speisekammer mit eingelegten und lagerfähigen Lebensmitteln eine große Rolle. Das Wort »exotisch« kannte meine Oma gar nicht. Trotzdem oder gerade deswegen kochte sie mit wenigen, aber hochwertigen Zutaten die besten Gerichte. Auch wenn die Bandbreite an frischem Gemüse, Fleisch und Kräutern nicht so groß war, umso ausgefeilter war dafür ihr Ideenreichtum. Sie verfolgte schon damals das, was man heute unter »Slow Food« und nachhaltigem Konsum versteht: Nichts wegwerfen, Reste verwerten und aus dem schöpfen, das einem vor Ort und saisonal zur Verfügung steht. Dabei unterlag der Speiseplan auch der jahreszeitlichen Arbeit: Im Frühjahr wurden die Felder bestellt, im Sommer wurde geerntet, im Herbst eingemacht und im Winter vorwiegend von Vorräten gelebt. Die eigenen Erzeugnisse wurden sehr wertgeschätzt, da man sie durch harte körperliche Arbeit das Jahr über angebaut und verarbeitet hatte. Für das Kochen und die anschließende Mahlzeit mit der Familie nahm man sich viel Zeit. Das zeichnete Omas Verständnis von Lebensmitteln und ihrer Zubereitung aus – das hat sie an mich weitergegeben und prägt heute meinen Kochstil.

Omas Frühlings-gericht

Dill-Kohlrabi-Fleisch mit Reis

Rezept S. 42

Siebenbürger Frühling

Im Frühling war man mit dem Bestellen der Felder beschäftigt. Auch Oma war kaum im Haus und verbrachte ihre Tage neben der Hausarbeit mit der Gartenpflege. Es begann die Zeit des Nachpflügens und der Aussaat von Weizen und Mais, die bis Ostern abgeschlossen sein musste. Auch später in Omas Schrebergarten in Stuttgart wurden die Beete für den Gemüse- und Obstbau vorbereitet und wir erledigten angefallene Reparaturen an Haus und Garten. Außerdem bleichte Oma jedes Jahr an den ersten warmen Sonnentagen die Wäsche: In meiner Erinnerung sehe ich sie heute noch in ihrem Garten stehen und die großen, weißen Baumwolltücher in alte, hölzerne Bottiche legen, die anschließend in der Sonne trocknen und ausbleichen durften.

Kulinarisch konnte man noch nicht aus dem Vollen der Natur schöpfen. Oma verarbeitete dann die Reste der Vorratshaltung aus dem Winter mit den wenigen frischen Zutaten, die sie in ihrem Schrebergarten bereits ernten konnte. Deshalb achtete sie auch darauf, aus den Resten eines Gerichts mehrere Folgerezepte kochen zu können. Dadurch ermöglichte sie ihren Kindern und Enkeln die ganze Woche lang abwechslungsreiche Kost. Das hatte sie aus Siebenbürgen mitgenommen: gutes, einfaches Essen mit der Familie genießen.

Die Siebenbürger Sachsen

Es waren einmal einige Hundert deutsche Auswanderer, die sich im 12. Jahrhundert, Tausende Kilometer von ihrer Heimat entfernt, in einer verwunschenen, hügeligen und dicht bewachsenen Region im Königreich Ungarn niederließen. Dort, in Siebenbürgen, bauten sie Dörfer und Burgen, bewirtschafteten Ländereien und lebten lange Zeit unabhängig und souverän. Sie nannten sich die Siebenbürger Sachsen und waren im 20. Jahrhundert mit rund 300.000 Menschen schließlich die größte aus Deutschland stammende Gruppe in Osteuropa. Sie sprachen Siebenbürgisch-Sächsisch und waren eine in sich geschlossene Gesellschaft mit ganz eigenen Bräuchen, Traditionen und einer einzigartigen kulturellen Identität. Es war eine sehr wechselhafte Geschichte, die sie dort erlebten: Zeitweise stand die Region im heutigen Zentralrumänien unter der Herrschaft der Osmanen, später gehörte sie zum Habsburger Reich. Nach dem Ersten Weltkrieg wurde Siebenbürgen dem rumänischen Staatsgebiet unterstellt, im Zweiten Weltkrieg jedoch geteilt: Nordsiebenbürgen fiel Ungarn zu, während der Süden unter den Nationalsozialisten in den Einflussbereich des Deutschen Reichs geriet. Als sich Rumänien gegen Ende des Krieges auf die Seite der Alliierten schlug, war der Rückzug der Siebenbürger Sachsen vom rumänischen Territorium eingeläutet. Denn nach dem Krieg rückte die Sowjetunion vor und verschleppte viele Rumäniendeutsche, denen eine Flucht nach Österreich oder Deutschland zuvor nicht gelungen war, in ukrainische Arbeitslager. Die verbliebenen Deutschen hatten fortan keine Rechte mehr und sahen sich zunehmender staatlicher Diskriminierung und starken Repressionen ausgesetzt. Seit den 1950er Jahren wanderte schließlich ein Großteil der Siebenbürger Sachsen nach Deutschland oder Österreich aus. Die letzte Zählung im Jahr 2016 ergab, dass noch etwa 13.000 Mitglieder der ehemals größten deutschen Siedlergruppe in Siebenbürgen leben.

Grundrezept Hühner- und Rinderbrühe

Mengenangaben jeweils für 1 Brühenansatz

Für 4 l Brühe

2 Suppenhühner (à 1,5–2 kg) oder 2 kg Rinderbrust
2 EL Rapsöl
3 Stangen Lauch
1 Bund Karotten
4 Gemüsezwiebeln
1 Knollensellerie
1 Petersilienwurzel
1 EL Butterschmalz
2 Pimentkörner
5 Wacholderbeeren
1 TL schwarze Pfefferkörner
1 TL Salz

Außerdem
großer Topf (8 l Fassungsvermögen)
großes, feines Sieb
4 fest verschließbare, sterile Einmachgläser mit je 1 l Fassungsvermögen

Brühe ist eine wichtige Basis der siebenbürgisch-sächsischen Küche. Sie ist Bestandteil jeder (Fest-)Tafel. Auf der Grundlage einer klaren Rinder- oder Hühnerbrühe haben Oma und Mama viele weitere Gerichte, wie die Säuerliche Brühe mit Hackbällchen (siehe Rezept S. 92) oder Krensuppe (siehe Rezept S. 34), gekocht. Klassische Suppeneinlagen wie Strudel (siehe Strudelsuppe, S. 141) und Faden- oder Rautennudeln (siehe Hochzeitssuppe, S. 90) sind echte Handwerkskunst, die die beiden perfekt beherrschten. Wir hatten immer selbst gemachte Brühe vorrätig. Oma kochte einfach mehrere Liter vor und machte sie in Einmachgläsern ein. Benötigen Sie nicht so viel Brühe, halbieren Sie einfach die Mengealler Zutaten.

Für die Hühnerbrühe den Ofen auf 160 °C (Ober-/Unterhitze) vorheizen.
Die beiden gewaschenen und abgetupften Suppenhühner auf ein Backblech geben und für 20 Minuten im Ofen knusprig vorbacken. Herausnehmen und abkühlen lassen.

Für die Rinderbrühe die Rinderbrust abspülen und trocken tupfen. Das Rapsöl in einer großen Pfanne bei hoher Temperatur erhitzen. Die Rinderbrust von allen Seiten scharf anbraten. Herausnehmen und auf einem Teller abkühlen lassen.

Den Lauch längs halbieren, gründlich waschen und grob hacken. Die Karotten waschen und wie die Zwiebeln ungeschält halbieren.

Den Knollensellerie gründlich waschen und großzügig schälen. Hiervon wird nur die Schale verwendet. Das Fruchtfleisch als Beilage zum Siedfleisch (Rezept S. 50) zu Püree verarbeiten. Die Petersilienwurzel waschen und in Würfel schneiden.

In einem großen Topf das Butterschmalz bei mittlerer Temperatur erhitzen und Gemüsewürfel und Sellerieschalen 5 Minuten anrösten. Herdplatte abstellen und alles erkalten lassen.

Die beiden Suppenhühner bzw. die Rinderbrust hineingeben, die Gewürze hinzufügen und mit 4 l kaltem Wasser aufgießen.

Bei mittlerer Temperatur zum Sieden (nicht Kochen!) bringen. Nach 2 ½ Stunden den Herd abstellen und die Brühe für 12 Stunden, am besten über Nacht, abkühlen lassen.

Fleisch und Gemüse aus dem Topf nehmen und entweder als Suppeneinlage verwenden oder als Beilage reichen.

Die Brühe durch ein feines Sieb in 4 Einmachgläser abseihen. So hält sie sich etwa 1 Woche im Kühlschrank.

Rainers Tipp:

Ich nehme für die Rinderbrühe gerne junges Brustfleisch. Für die Hühnerbrühe sollte das Suppenhuhn nicht älter als 3 Jahre und nicht zu fett sein. Achten Sie unbedingt darauf, dass die Brühe nicht zu kochen beginnt, sonst wird sie trüb. Durch das langsame Erkalten bleibt das Fleisch zart und die Brühe erhält einen intensiveren Geschmack. Für eine längere Haltbarkeit die gefüllten und fest verschlossenen Einmachgläser 2–3 Minuten in kochendes Wasser stellen, vorsichtig herausnehmen und stürzen, bis sie abgekühlt sind.

Rezeptfoto siehe nächste Seite

Weiße-Bohnen-Suppe mit roten Zwiebeln

Diese Suppe ist bis heute mein Favorit. Da Oma rote Zwiebeln über alles liebte, schnitt sie diese ganz frisch und hauchdünn direkt am Mittagstisch, damit wir sie sofort in die Suppe geben konnten. Sie kochte die Suppe immer für drei Tage auf Vorrat – und jeden Tag schmeckte sie besser! Weiße Bohnen waren einfach günstig, nahrhaft und schnell in der Zubereitung. Hatten wir vom Wochenende noch Siedfleisch (siehe Rezept S. 31) übrig, schnitt sie es zusammen mit den Zwiebeln hinein.

Für 4 Personen

2 EL Sonnenblumenöl
1 Zwiebel
1 Knoblauchzehe
1 Karotte
200 g weiße Bohnen (aus der Dose)
1 EL Mehl
3 EL Branntweinessig
Salz und Pfeffer aus der Mühle
400 g Siedfleisch (nach Belieben) (siehe Rezept S. 50)
2 rote Zwiebeln (nach Belieben)
1 Bund glatte Petersilie zum Servieren

Das Sonnenblumenöl in einem großen Topf bei mittlerer Temperatur erhitzen.

Zwiebel und Knoblauch schälen, sehr fein hacken und 2–3 Minuten im Öl anschwitzen.

Die Karotte schälen, in kleine Würfel schneiden und hinzufügen. 1 Minute sautieren und mit 1 l Wasser ablöschen. Die Bohnen dazugeben und 30 Minuten offen köcheln lassen.

Das Mehl mit etwas Wasser vermengen, in die köchelnde Suppe geben und unter Rühren eindicken lassen. Mit Branntweinessig, Salz und Pfeffer abschmecken.

Das Siedfleisch in mundgerechte Würfel schneiden und einige Minuten in der Brühe ziehen lassen.

Die roten Zwiebeln schälen und in sehr feine Scheiben schneiden. Die Petersilie waschen, die Blätter von den Stängeln zupfen und fein hacken. Zusammen mit den Zwiebeln zur Suppe servieren.

Lauchcremesuppe

Diese Suppe kochte meine Mutter im Frühling sehr gerne. Sobald es wärmer wurde, saßen wir zusammen im Garten und aßen sie zu Mittag.

Für 4 Personen

3 Stangen Lauch
1 Karotte
4 mittelgroße Kartoffeln
3 Stangen Staudensellerie
1 Zwiebel
½ Knoblauchzehe
1 EL Rapsöl
1 l heiße Hühnerbrühe (siehe Rezept S. 26)
200 g Sahne
Salz und Pfeffer aus der Mühle
1 Prise Muskatnuss
1 Bund Frühlingszwiebeln oder Schnittlauch

Außerdem
Stabmixer
feines Sieb

Den Lauch gründlich putzen und waschen. Karotte und Kartoffeln schälen, den Sellerie waschen und putzen. Alles grob hacken.

Zwiebel und Knoblauch schälen, klein schneiden und in einem Suppentopf bei mittlerer Temperatur in Rapsöl anschwitzen. Das gehackte Gemüse dazugeben und 2 Minuten dünsten.

Mit der Hühnerbrühe aufgießen und bei mittlerer Hitze 30 Minuten abgedeckt köcheln lassen.

Sobald alles weich gekocht ist, mit dem Stabmixer fein pürieren und die Suppe anschließend durch ein feines Sieb in einen weiteren Topf passieren.

Mit Sahne verfeinern und mit Salz, Pfeffer und Muskat abschmecken.

Die Frühlingszwiebeln waschen, in feine Ringe schneiden und vor dem Servieren über die Suppe streuen.

Krensuppe

Wer schon einmal eine Meerrettichsuppe gegessen hat, weiß, dass es sich dabei lediglich um eine verlängerte Meerrettichsauce handelt. Meine Oma aber wurde nicht müde, uns die Vorzüge und Besonderheiten solcher Gerichte vorzupredigen. Schlau wie sie war, kochte sie Krensuppe immer dann, wenn es einen Tag zuvor Tafelspitz mit Meerrettichsauce gab. Komisch! Meistens gab sie dann zusätzlich zum frischen Meerrettich immer noch geriebene Äpfel hinzu, was für uns Kinder wirklich grausam war! Heute schmeckt mir diese Version zwar auch sehr gut, ich habe in diesem Rezept den Apfel dennoch weggelassen.

Für 4 Personen

120 g Butter
1 Zwiebel
2 EL Mehl
1 l heiße Rinderbrühe (siehe Rezept S. 26)
200 g Sahne
Salz und Pfeffer aus der Mühle
200 g frisch geriebener Meerrettich, plus etwas mehr zum Garnieren

Außerdem
feines Sieb

Die Butter in einem Topf zerlassen.

Die Zwiebel schälen, fein würfeln und darin anschwitzen. Sobald die Zwiebel weich ist, das Mehl darüberstreuen und zu einer Mehlschwitze verquirlen.

Nach und nach und unter ständigem Rühren mit der Brühe ablöschen und eindicken lassen. Mit Sahne aufgießen und mit Salz und Pfeffer abschmecken.

Den geriebenen Meerrettich in die heiße Suppe geben, Herdplatte abschalten und 10 Minuten ziehen lassen.

Die Suppe durch ein Sieb passieren und nochmals abschmecken.

Auf Teller verteilen und mit geriebenem Meerrettich krönen.

Omelett mit Salzkäse

Ein einfaches und schnelles Frühstück oder Mittagessen mit rumänischem Einschlag. Oma bereitete das Omelett immer mit Salzkäse oder Urdă zu, einem Frischkäse ähnlich dem griechischen Feta. Dadurch bekommt das Gericht eine würzigere Note.

Für 4 Personen

12 Bio-Eier
1 ½ Bund Frühlingszwiebeln
1 Fleischtomate
300 g Schafskäse oder Urdă (eine Art Ricotta)
1 EL Butterschmalz
Salz und Pfeffer aus der Mühle
Tomatensalat zum Servieren (siehe Rezept S. 84)
einige Scheiben Bauernbrot zum Servieren

Außerdem

Schneebesen
hochwandige Pfanne mit Deckel

Die Eier in einer Schüssel aufschlagen und mit dem Schneebesen schaumig rühren.

Die Frühlingszwiebeln waschen, putzen und in feine Ringe schneiden. 1 Handvoll Frühlingszwiebeln beiseitestellen. Die Tomate waschen, halbieren, den Blütenansatz entfernen und das Fruchtfleisch klein schneiden.

Den Käse längs in dünne Scheiben schneiden.

Eine hochwandige Pfanne bei niedriger bis mittlerer Stufe erhitzen, das Butterschmalz hineingeben und zerlassen.

Die schaumig geschlagenen Eier in die Pfanne füllen, kurz stocken lassen und Frühlingszwiebeln, Tomaten und Käse darauf verteilen. Mit Salz und Pfeffer abschmecken, dann den Deckel darauflegen, bis die Oberseite stockt.

Das Omelett vorsichtig wenden und von der anderen Seite bei geschlossenem Deckel goldbraun backen.

Mit den restlichen Frühlingszwiebelringen garnieren und auf Teller verteilen. Dazu Tomatensalat und Bauernbrot reichen.

Brennnesselspinat mit Spiegelei und Salzkartoffeln

Wenn uns unsere Oma nach der Schule einen leeren Stoffbeutel in die Hand drückte, verhieß das nichts Gutes. Wir mussten dann auf die Streuobstwiesen des nachbarlichen Bauernhofs und dort Brennnesseln zupfen. Wir bekamen damals keine Handschuhe mit und mussten schmerzhaft lernen, wie man die jungen Triebe der Brennnessel so zupfte, dass es nicht brannte (zwei Blattsprossen von der Krone entfernt). Bis wir 1 kg Brennnesseln gesammelt hatten, dauerte es eine Ewigkeit – aber die Mühe lohnte sich immer, denn Brennnesselspinat schmeckte uns um einiges besser als der »echte«. Brennnesseln haben nur zu bestimmten Zeiten im Jahr Saison: Mitte April, sobald die jungen Triebe kommen, und im Juni nach dem ersten Mähen der Wiesen.

Für 4–6 Personen

Für die Salzkartoffeln
400 g festkochende Kartoffeln
2 EL Salz
1 EL Butterschmalz
½ Bund gehackte glatte Petersilie

Für den Brennnesselspinat
500 g junge Brennnesseln
1 Zwiebel
1 Knoblauchzehe
50 g Butter
Salz und Pfeffer aus der Mühle

Für die Spiegeleier
50 ml Sonnenblumenöl
8 Bio-Eier

Außerdem
große Pfanne mit Deckel (36 cm ø)
Stabmixer

Die Kartoffeln schälen und in Spalten schneiden. In einen Topf mit Salzwasser geben, 10 Minuten garen und abgießen.

Das Butterschmalz in einer großen Pfanne zerlassen und die abgetropften Salzkartoffeln hineingeben. Die Petersilie darüberstreuen und einen Deckel auflegen. Warm halten.

Für den Spinat die Brennnesseln 10 Minuten in Wasser legen und putzen.

Zwiebel und Knoblauch schälen und klein schneiden.

Die Butter in einem Topf bei mittlerer Temperatur erhitzen. Zwiebel und Knoblauch darin anschwitzen.

Die Brennnesseln aus dem Wasser nehmen und sorgfältig trocken schütteln. In den Topf geben, vermengen und einen Deckel auflegen. 5 Minuten dämpfen.

Sobald die Brennnesseln zusammengefallen sind, mit dem Stabmixer zur gewünschten Konsistenz pürieren. Mit Salz und Pfeffer abschmecken und warm halten.

Für die Spiegeleier das Öl in einer großen Pfanne bei mittlerer Temperatur erhitzen. Die Eier nacheinander hineinschlagen und langsam gar werden lassen.

Nach 5 Minuten salzen und pfeffern und mit dem Brennnesselspinat und den Kartoffeln servieren.

Eiersalat mit Bratkartoffeln

Oma bereitete dieses Gericht gerne als leichte Vorspeise oder Beilagensalat im Frühling zu, sobald der erste Salat im Garten wuchs. Wir Kinder mochten natürlich die knusprigen Kartoffelwürfel am liebsten – die übrig gebliebenen Eier mussten dann die Erwachsenen essen.

Für 6 Personen als Vorspeise oder Beilage

8 Bio-Eier
1 rote Zwiebel
1 TL Zucker
4 EL Branntweinessig
1 Apfel
1 Bund glatte Petersilie
6 Salatblätter (Romana- oder Kopfsalat)
½ Bund gehackter Schnittlauch zum Garnieren

Für das Dressing

200 ml Sonnenblumenöl
1 TL mittelscharfer Senf
Abrieb von 1 Bio-Zitrone
Salz und Pfeffer aus der Mühle

Für die Bratkartoffeln

4 festkochende Kartoffeln
4 EL Sonnenblumenöl

Außerdem

Salatschüssel
Stabmixer
große gusseiserne Pfanne (36 cm ø)

Die Eier in 8 Minuten hart kochen, abschrecken und pellen. Längs vierteln und in eine Salatschüssel geben.

Die rote Zwiebel schälen, in feine Ringe schneiden und in einer kleinen Schale mit Zucker und Branntweinessig vermengen. 5 Minuten ziehen lassen, die Zucker-Essig-Mischung abseihen und für das Dressing beiseitestellen.

Den Apfel schälen, achteln, das Kerngehäuse entfernen und das Fruchtfleisch in feine Scheiben schneiden. Die Petersilie waschen, die Blätter von den Stängeln zupfen und hacken.

Apfelscheiben mit Zwiebeln und gehackter Petersilie in die Salatschüssel geben und gut vermengen.

Die Zutaten für das Dressing mit dem beiseitegestellten Zwiebelsud in ein hohes Gefäß geben und mit dem Stabmixer zu einer festen Masse pürieren. Unter die Eier heben und 10 Minuten ziehen lassen.

Für die Bratkartoffeln die Kartoffeln schälen und in kleine Würfel schneiden. Das Sonnenblumenöl in einer großen, schweren Pfanne bei mittlerer Temperatur erhitzen und die Kartoffelwürfel 10 Minuten goldbraun braten.

Den Eiersalat auf die Salatblätter verteilen und mit Kartoffelwürfeln und gehacktem Schnittlauch garnieren.

Dill-Kohlrabi-Fleisch mit Reis

Omas Frühjahrsklassiker: Sie kochte dieses Gericht, sobald die ersten Kräuter und Kohlrabiknollen im Garten wuchsen.

Für 4 Personen

240 g Rundkornreis
Salz
2 Kohlrabiknollen
1 Zwiebel
1 Knoblauchzehe
50 g Butter
500 g gemischtes Hackfleisch
1 EL Mehl
200 g Sahne
200 ml Milch
Salz und Pfeffer aus der Mühle
1 Bund Dill

Den Reis in einen Topf geben, mit der dreifachen Menge Wasser aufgießen und salzen. Zum Kochen bringen und alle 2 Minuten umrühren. Sobald das Wasser aufgesogen ist, den Reis vom Herd nehmen und bei geschlossenem Deckel 10 Minuten ziehen lassen.

Inzwischen die Kohlrabiknollen schälen und in 1 cm große Würfel schneiden. Zwiebel und Knoblauch schälen und klein schneiden.

Die Butter in einem großen Topf bei mittlerer Hitze zerlassen und Zwiebel und Knoblauch darin glasig dünsten. Temperatur erhöhen, Hackfleisch hinzufügen und einige Minuten scharf anbraten.

Die Kohlrabiwürfel zugeben und vermengen. Deckel auflegen und 10 Minuten bei mittlerer Hitze schmoren lassen.

Mit Mehl bestäuben und gut vermengen. Sahne und Milch zugießen und aufkochen lassen. Mit Salz und Pfeffer abschmecken.

Den Dill waschen und klein hacken. Die Hälfte davon in die Hackfleischsauce rühren.

Den Reis auf Teller verteilen und mit zwei Esslöffeln zu etwa handgroßen Nocken formen. Die Sauce zum Reis reichen und mit dem restlichen Dill garnieren.

Nach Belieben mit Salz und Pfeffer nachwürzen.

Lángos mit Gurkenquark

Ergibt ungefähr 8 Lángos

Für den Hefeteig

150 ml Milch, plus etwas mehr für die Hefemischung

150 g Butter

1 Würfel frische Hefe

2 Bio-Eier

300 g Weizenmehl, plus etwas mehr zum Arbeiten

2 Prisen Salz

300 g Butterschmalz zum Ausbacken

Für den Gurkenquark

1 Salatgurke

1 gute Prise Salz

250 g Magerquark

1 Knoblauchzehe

Salz und Pfeffer aus der Mühle

1 Bund Frühlingszwiebeln zum Garnieren

Außerdem

Küchenmaschine oder Handrührgerät mit Knethaken

Küchenreibe

feines Sieb

Mörser

große hochwandige Pfanne (36 cm ø)

Lángos kennen viele nur als überteuertes Streetfood auf Märkten und Volksfesten. Dabei sind die ungarischen Teigfladen so einfach nachzumachen. In Siebenbürgen sind sie vor allem mit frischem Gurkenquark sehr beliebt. Lángos machte meine Mutter immer zur Fußball-Europa- oder Weltmeisterschaft oder wenn es ein Hoffest gab. Dort saßen wir dann mit Familie und Freunden, während Mama und Oma in der Küche Lángos frittierten. Sie reichten sie anschließend knusprig und duftend aus dem Fenster in den Hof.

Milch und Butter in einem kleinen Topf erwärmen.

In einer kleinen Schale die Hefe in etwas warmer Milch auflösen und beiseitestellen.

In einer weiteren Schüssel die Eier schaumig schlagen, die warme Milch-Butter-Mischung dazugießen und vermengen.

Mehl und Salz in die Rührschüssel der Küchenmaschine füllen und beide Mischungen nacheinander hineingeben. Mit dem Knethaken einige Minuten zu einem glatten, etwas feuchten Teig verarbeiten.

Die Schüssel mit einem sauberen Tuch abdecken und den Teig an einem warmen Ort 30 Minuten ruhen lassen.

In der Zwischenzeit die Gurke waschen und mit einer groben Küchenreibe in eine Schüssel raspeln. Salzen und mit den Händen gut durchkneten. 5 Minuten ziehen lassen.

Den Quark zum Abtropfen in ein feines Sieb geben.

Den Knoblauch schälen und mit 1 Prise Salz mit dem Mörser zu einem feinen Mus zerstoßen.

Die gesalzenen Gurkenraspel entweder mit den Händen oder einem Küchentuch ausdrücken und mit dem Quark und dem Knoblauchmus vermengen. Mit Salz und Pfeffer abschmecken und beiseitestellen.

Die Frühlingszwiebeln waschen, putzen und in feine Ringe schneiden.

Sobald sich der Teig verdoppelt hat, in 8 gleich große Stücke aufteilen. Jedes Teigstück mit den Händen in einen länglichen, flachen Fladen ziehen. Dabei die Mitte sehr dünn ausziehen und etwas dickere Ränder formen.

Die Fladen 5 Minuten auf einer bemehlten Arbeitsfläche abgedeckt ruhen lassen.

In der Zwischenzeit das Butterschmalz in einer großen Pfanne auf 180 °C erhitzen.

Die Teigfladen nacheinander langsam in das Fett gleiten lassen und von jeder Seite 3 Minuten ausbacken.

Das Fett darf nicht zu heiß werden, sonst bleiben die Lángos innen roh. Auf einem Küchentuch abtropfen lassen.

Noch warm mit dem Gurkenquark servieren und mit Frühlingszwiebeln garnieren.

Rezeptfoto siehe nächste Seite

Geschmorte grüne Bohnen mit Rindfleisch

Für 4 Personen

400 g Rinderbrust
2 Karotten
¼ Knollensellerie
1 Stange Lauch
3 Zwiebeln
2 Knoblauchzehen
1 Lorbeerblatt
Salz und Pfeffer aus der Mühle
800 g grüne Buschbohnen
2 EL Sonnenblumenöl
4 reife Tomaten
2 EL Tomatenmark
1 TL Paprikapulver
1 Bund Bohnenkraut
1 Bund Schnittlauch

Außerdem
Schmortopf
Schaumkelle
Sieb

In unserem Schrebergarten in Metzingen baute meine Familie gelbe und grüne Bohnen an. Diese zu ernten ging schnell, aber sie zu putzen machte gar keinen Spaß. Wenn wir Glück hatten, kamen wir drum herum, aber meistens saßen wir dann doch mit unserer Oma in der Küche und kappten die Enden der Bohnen ab, die ungenießbar waren. Dabei erzählte sie uns oft Geschichten von ihrem jüngsten Bruder Erich, der in seiner Kindheit viel Blödsinn angestellt hat – wir kugelten uns oft vor Lachen.

Grüne Bohnen verarbeitete Oma nicht nur zu Schmorgerichten, sondern auch zu Salaten, oder sie legte sie ein.

Den Backofen auf 220 °C (Ober-/Unterhitze) vorheizen.

Die Rinderbrust abwaschen, trocken tupfen und in 2 cm große Würfel schneiden.

Karotten und Sellerie gründlich waschen, schälen und würfeln. Den Lauch gut putzen, waschen und in Ringe schneiden. 1 Zwiebel und 1 Knoblauchzehe schälen und halbieren.

Das Gemüse in den Schmortopf geben und das Lorbeerblatt dazulegen. Die Fleischwürfel darauf verteilen und mit 2 l Wasser auffüllen.

Großzügig mit Salz und Pfeffer würzen. Den Deckel auflegen und 2 Stunden im Backofen schmoren, bis das Fleisch zart ist.

In der Zwischenzeit die Bohnen waschen und die Enden abschneiden. Einen Topf mit Salzwasser zum Sieden bringen und die Bohnen 5 Minuten blanchieren.

Anschließend in einem kalten Wasserbad abschrecken.

Die Rinderbruststücke mit einer Schaumkelle aus dem Schmortopf nehmen und beiseitestellen. Den Bratensaft durch ein großes Sieb abseihen und ebenfalls beiseitestellen. Das Gemüse als Beilage reichen.

Das Öl im selben Schmortopf bei mittlerer Temperatur erhitzen. Die restlichen Zwiebeln und die Knoblauchzehe schälen, klein schneiden und darin anschwitzen.

Die Tomaten waschen, halbieren, den Blütenansatz entfernen und das Fruchtfleisch achteln. Zusammen mit Tomatenmark, Paprikapulver und den Rindfleischwürfeln in den Topf geben und 5 Minuten schmoren.

Mit dem Bratensaft ablöschen und 10 Minuten bei niedriger Hitze weiterschmoren.

Das Bohnenkraut waschen, klein hacken und mit den blanchierten Bohnen kurz vor dem Servieren in den Schmortopf geben.

Nach Belieben abschmecken und in tiefen Tellern servieren.

Den Schnittlauch waschen, in Röllchen schneiden und das geschmorte Bohnen-Rindfleisch damit garnieren.

Rezeptfoto siehe S. 52

Kaltes Siedfleisch mit roten Zwiebeln

Für 4 Personen

Für die roten Zwiebeln
3 rote Zwiebeln
50 g Zucker
125 ml Branntweinessig

Für das Siedfleisch
1,5 kg Bürgermeisterstück vom Rind
2 EL Butterschmalz
3 Stangen Lauch
6 Karotten
4 Zwiebeln
1 Knollensellerie
1 Petersilienwurzel
2 Pimentkörner
5 Wacholderbeeren
1 TL schwarze Pfefferkörner
2 TL Salz

Für das Knoblauchbrot
4 Scheiben Bauernbrot
2 EL Olivenöl
½ Knoblauchzehe
Salz

Außerdem
großer Suppentopf (7–10 l Fassungsvermögen)

Zu unserer ersten Wohnung in Deutschland gehörte eine zugeteilte Schrebergartenparzelle. In dieser pflanzten meine Eltern Gemüse und Kräuter an. Wir Kinder waren für das Gießen der Pflanzen zuständig. Hier wuchsen auch rote Zwiebeln, die meine Oma gerne in Essig einlegte und zum Abendessen über kaltes Siedfleisch gab. Die Zwiebeln ernteten immer wir Kinder – das war neben dem Gießjob eine unserer ersten Aufgaben. Das Siedfleisch – dünn geschnittenes, gekochtes Rindfleisch – darf auf keiner siebenbürgisch-sächsischen Tafel fehlen: Es ist eine Grundzutat für viele weitere Gerichte (siehe Weiße-Bohnen-Suppe, S. 31, und Salata de Boeuf, S. 83) und kann mit beliebig vielen und unterschiedlichen Beilagen gegessen werden. Planen Sie für die Zubereitung etwas mehr Zeit ein, dafür können Sie auch mehrere Tage davon essen.

Die roten Zwiebeln schälen und nach Belieben in ganze oder halbe Ringe schneiden. In eine Schüssel füllen. Den Zucker im Branntweinessig auflösen und die Mischung über die geschnittenen Zwiebeln geben. Mit den Händen etwas durchkneten und 30 Minuten ziehen lassen.

Für das Siedfleisch das Bürgermeisterstück kalt abspülen und gründlich trocken tupfen.

1 EL Butterschmalz in einem großen Suppentopf bei hoher Temperatur erhitzen und das Fleisch darin von allen Seiten scharf anbraten. Herausheben und zum Ruhen und Abkühlen beiseitestellen.

Den Lauch längs aufschneiden und waschen. Die Karotten waschen und halbieren. Die Zwiebeln ungeschält halbieren.

Den Knollensellerie gründlich waschen und großzügig schälen. Die Schalen aufheben, sie werden für die Brühe benötigt. Den restlichen Sellerie z. B. als Beilage zu Püree verarbeiten. Die Petersilienwurzel ebenfalls waschen und würfeln.

Den Topf, in dem zuvor das Fleisch angebraten wurde, auf hohe Temperatur erhitzen und das restliche Butterschmalz darin schmelzen.

Gemüse zugeben und einige Minuten rösten. Wenn alles etwas Farbe angenommen hat, den Topf von der Herdplatte ziehen und vollständig abkühlen lassen.

Die Gewürze zusammen mit dem Bürgermeisterstück und 4 l kaltem Wasser in den Topf geben. Wieder auf den Herd stellen und alles bei mittlerer Temperatur zum Sieden bringen.

Nach 2 ½ Stunden von der Herdplatte nehmen und 12 Stunden oder über Nacht bei Zimmertemperatur abkühlen lassen.

Das Fleisch herausheben und für 1 Stunde in den Kühlschrank legen. Anschließend in 5–10 mm dünne Scheiben schneiden.

Die Bauernbrotscheiben in einer Pfanne im Olivenöl rösten, mit der Knochlauchzehe abreiben und salzen.

Das Siedfleisch auf Teller verteilen, salzen und pfeffern und die abgeseihten Zwiebeln daraufgeben. Mit knusprigem Knoblauchbrot servieren.

Beilagen-Tipp:

Siedfleisch mit Apfel-Zwiebel-Kartoffelpüree

Hierfür 5 mehligkochende Kartoffeln in Salzwasser gar kochen. Auskühlen lassen, pellen und in einer Schüssel zusammen mit 50 g Butter zerstampfen. Mit Salz, Pfeffer und 1 Prise geriebene Muskatnuss abschmecken. 2 Zwiebeln schälen, fein würfeln und in einer Pfanne in reichlich Sonnenblumenöl goldgelb ausbacken und auf Küchenpapier abtropfen lassen. 1 Apfel waschen, schälen und mit einer feinen Küchenreibe in das Kartoffelpüree raspeln. Die Röstzwiebeln dazugeben und vermengen. Im Ofen bei 80 °C warm halten.

Rezeptfoto siehe S. 53

Hähnchenpaprikasch (Paprikás)

Paprikasch – oder Paprikás – ist neben Gulyás, Pörkölt und Tokány (siehe Rezept S. 98) eines der bekanntesten ungarischen Gerichte. Oma wandelte den Klassiker ein wenig ab und gab Nocken hinzu, für die sie einen Spätzleteig zubereitete. Irgendwann stellte ich ihr mal die Frage, ob das nicht eigentlich Spätzle seien, nur dicker. Empört schaute sie mich an und erklärte mir dann mit großer Selbstsicherheit den Unterschied zwischen Nocken und Spätzle, der sich mir allerdings nicht ganz erschloss. Sie bestand aber mit Nachdruck darauf, dass es hier einen Unterschied gäbe – welcher auch immer das sei.

Für 6–8 Personen

3 EL Sonnenblumenöl
8 Hähnchenschenkel
1 Zwiebel
1 Knoblauchzehe
1 TL Paprikapulver
Salz und Pfeffer aus der Mühle
250 g Mehl, plus 2 EL zum Eindicken
1 Bio-Ei
2 Prisen Salz

Außerdem
Schmortopf mit Deckel
kleines Schneidebrett aus Holz
Winkelpalette
Schaumkelle

Das Sonnenblumenöl im Schmortopf bei hoher Temperatur erhitzen. Die Hähnchenschenkel von beiden Seiten darin scharf anbraten.

Zwiebel und Knoblauch schälen, fein hacken und dazugeben. Sobald die Zwiebel glasig ist, das Paprikapulver hinzufügen. Mit 1,5 l Wasser ablöschen.

Salzen und pfeffern und bei mittlerer Temperatur 1 Stunde abgedeckt köcheln lassen.

In einer Schüssel Mehl, Ei, Salz und 125 ml lauwarmes Wasser zu einem zähen Teig verarbeiten. 5 Minuten quellen lassen.

In einem Topf Salzwasser zum Kochen bringen.

Den Teig nochmals mit einem Holzlöffel durchschlagen und eine Schöpfkelle voll auf das Schneidebrett geben. Mit der Winkelpalette kleine Teignocken vom Brett ins kochende Wasser schaben.

Schäumend aufkochen lassen. Die Nocken sind fertig, wenn sie an der Oberfläche schwimmen.

Mit der Schaumkelle herausnehmen und zu den Hähnchenschenkeln geben. So weiter verfahren, bis der Nockenteig verarbeitet ist.

Das Mehl zum Eindicken der Sauce in etwas Wasser auflösen. In den Topf geben und verrühren. Mit Salz und Pfeffer abschmecken und auf Tellern anrichten.

Schnitzel Wiener Art

Für 6 Personen

6 Schweineschnitzel aus der Oberschale oder Kalbsschnitzel
500 g altbackenes Weißbrot ohne Sauerteiganteil (oder Semmelbrösel)
3 Prisen Salz
4 Bio-Eier
200 g Mehl
500 g Butterschmalz
Französische Kartoffeln mit Rahmkarotten (siehe Rezept S. 144)
2 Bio-Zitronen zum Garnieren

Außerdem
Fleischhammer
Stabmixer
feines Sieb
große hochwandige Pfanne (36 cm ø)

Meine Oma machte ihre Schnitzel stets alle auf einmal und stellte sie dann zum Warmhalten in den Backofen. Die Reste von Ei, Semmelbröseln und Mehl verarbeitete sie schließlich zu einem Teig und backte den ebenfalls aus. Diese »Teigschnitzel« schmuggelte sie dann immer unter die normalen Schnitzel. Wer nicht aufpasste, bekam dann das vegetarische ab. Sie amüsierte sich dann immer köstlich über die oder den Unglücklichen. Als Beilagen gab es bei ihr meist Französische Kartoffeln mit Rahmkarotten aus dem eigenen Garten.

Die Schnitzel von beiden Seiten auf einer stabilen Arbeitsfläche mit der groben Seite des Fleischhammers flach klopfen. Ein Stück Frischhaltefolie darauflegen und mit der flachen Seite des Hammers 4 mm dünn plattieren.

Das Fleisch in Küchentücher wickeln und für 2 Stunden im Kühlschrank ausbluten lassen. Dabei wird es zugleich entwässert.

Für die Vorbereitung der Panierstraße das Weißbrot in kleine Würfel schneiden und mit dem Stabmixer zu sehr feinen Semmelbröseln zerkleinern. Durch ein Sieb schütteln, um die groben Stücke zu entfernen.

In eine große flache Schale geben, salzen und vermengen. In zwei weitere Schalen jeweils Eier und Mehl geben. Die Eier verquirlen. Die Panierstraße von links nach rechts mit dem Mehl beginnen und den Semmelbröseln abschließen.

Die eingewickelten Schnitzel aus dem Kühlschrank nehmen und bereitstellen.

Jedes Schnitzel zuerst von beiden Seiten im Mehl wenden und etwas abschütteln. Anschließend durch die Eier ziehen und zum Schluss in den Semmelbröseln wenden. Die Oberfläche muss vollständig von Panade bedeckt sein.

Überschüssige Semmelbrösel abschütteln und die Schnitzel auf einem Teller beiseitestellen.

In einer großen Pfanne mit hohem Rand das Butterschmalz bei hoher Temperatur erhitzen. Wenn sich bereits ein wenig Rauch bildet, hat das Fett die richtige Hitze zum Ausbacken.

Die Schnitzel nacheinander hineingleiten lassen und die Pfanne schwenken, sodass das heiße Fett auf das Fleisch schwappt. So müssen sie nicht gewendet werden.

Wenn die Panade goldbraun ist und Blasen wirft, ist das Schnitzel fertig. Dann herausnehmen und auf einem mit Küchenpapier ausgelegten Teller abtropfen lassen.

Die Zitronen in Spalten schneiden und mit dem französischen Kartoffelsalat zum Schnitzel servieren.

Rainers Tipp:

Egal, ob Sie echtes Wiener Schnitzel mit Kalbsfleisch oder eines mit Schweinefleisch zubereiten möchten: Wichtig ist immer die Frage, welches Stück vom Tier sich am besten für ein Schnitzel eignet. Die Tranchen hierfür werden meist aus dem Rücken oder der Oberschale (Keule) genommen. Der Rücken hat weniger Fett- und Sehnenanteil als die Oberschale, wird dafür jedoch beim Ausbacken auch schneller trocken. Die Oberschale bleibt hingegen immer schön saftig und ist mein persönlicher Favorit!

Topfenknödel

Topfenknödel gab es oft bei uns zu Hause. Meist gelangen sie Oma, manchmal aber auch nicht. Ihr Fluchen, wenn die Knödel mal nichts wurden, habe ich noch gut in Erinnerung. Sie servierte sie sowohl als Hauptgang als auch als Dessert unter der Woche, da sie schnell, günstig und sehr sättigend sind.

Für 4 Personen als Hauptspeise oder 6 Personen als Nachspeise

Für den Teig
500 g Magerquark
2 Bio-Eier
10 g Zucker
1 Prise Salz
Abrieb von ½ Bio-Zitrone
100 g Semmelbrösel

Für die Semmelbröselkruste
100 g Butter
300 g Semmelbrösel
3 EL Zucker

50 g Puderzucker zum Garnieren

Außerdem
feines Sieb
Schaumkelle

Den Quark für 1 Stunde in ein feines Sieb legen und abtropfen lassen.

Eier, Zucker, Salz und Zitronenabrieb mit dem Quark zu einer glatten Masse verarbeiten. Die Semmelbrösel unterheben und 5 Minuten ruhen lassen.

Währenddessen eine Pfanne auf mittlere Temperatur erhitzen und die Butter darin zerlassen, bis sie schäumt. Semmelbrösel und Zucker hinzugeben und unter Rühren goldbraun rösten.

In einem tiefen Topf Salzwasser zum Kochen bringen und die Hitze etwas reduzieren.

Die Knödelmasse mit zwei erwärmten Esslöffeln abstechen und zu Nocken formen. In das heiße Wasser gleiten und 5 Minuten darin ziehen lassen. Wenn die Nocken an der Wasseroberfläche schwimmen und ihr Volumen verdoppelt haben, sind sie gar.

Mit einer Schaumkelle herausnehmen und zu den gerösteten Semmelbröseln geben. Schwenken, bis sie rundum damit bedeckt sind.

Auf Tellern anrichten, mit Puderzucker bestäuben und warm servieren.

Rainers Tipp:

Verwenden Sie für dieses Rezept unbedingt Magerquark, damit die Masse luftig wird. Zu viel Fett lässt die Knödel schwer werden und sie gehen nicht auf – meine Oma nannte sie dann immer »Wetzsteine«. Die Brösel nach und nach unter die Masse heben, damit der Teig schön locker und weich bleibt.

Topfenschmarrn mit Zwetschgenröster

Für 4 Personen als Hauptspeise oder 6 Personen als Nachspeise

Für den Zwetschgenröster
4 EL Rosinen
2 EL Rum
18–20 Zwetschgen
100 g Zucker
100 ml Rotwein
1 Sternanis
1 Zimtstange

Für den Schmarrnteig
8 Bio-Eier
700 ml Milch
50 g Zucker
160 g Mehl
1 Prise Salz
100 g Topfen

50 g Butterschmalz
Zucker zum Bestreuen (nach Belieben)
Puderzucker zum Garnieren

Oma machte den Schmarrn immer frisch, nachdem alle den Hauptgang aufgegessen hatten. Dabei kam sie ganz schön ins Schwitzen: Sie arbeitete mit zwei Pfannen für vier hungrige Männer. Aus diesem Grund gab es den Topfenschmarrn auch nicht allzu oft, denn sobald er auf den Tellern verteilt war, war er auch schon aufgegessen. So schnell konnte sie gar nicht nachbacken. Nach drei bis vier Durchgängen ließ sie es sein und beklagte sich, dass wir das Essen nur herunterschlingen würden und es gar nicht zu schätzen wüssten – Jungs eben.

Die Rosinen für den Zwetschgenröster 15 Minuten in Rum einweichen. Anschließend abtropfen lassen.

Die Zwetschgen verlesen, waschen, halbieren und entsteinen. Eine große Pfanne auf hohe Temperatur erhitzen.

Die Zwetschgen hineingeben und gleichmäßig verteilen. 20 Sekunden anbraten, dabei die Pfanne schwenken. Den Zucker darüberstreuen und karamellisieren lassen. Mit Rotwein ablöschen und die Gewürze hinzugeben. 2 Minuten köcheln. Die Zwetschgen dürfen dabei nicht zerfallen.

Alles in eine Schüssel geben, abkühlen und im Kühlschrank vollständig erkalten lassen.

Für den Schmarrnteig Eier mit Milch und Zucker in einer Schüssel mit einem Schneebesen so lange verquirlen, bis sich der Zucker vollständig aufgelöst hat.

Mehl mit Salz unter die Masse heben. Dabei dürfen Mehleinschlüsse im Teig verbleiben. 5 Minuten quellen lassen, dann den Topfen unterheben. Die Masse darf dabei nicht glatt gerührt werden.

Für das Ausbacken des Schmarrnteigs das Butterschmalz in einer hohen Pfanne bei mittlerer Temperatur erhitzen. Den Teig nochmals kurz mit einem Schneebesen umrühren und in die heiße Pfanne gießen. Die abgetropften Rumrosinen gleichmäßig darauf verteilen und einen Deckel auflegen.

Sobald der Rand des Schmarrns anfängt zu stocken, mit einem großen Pfannenwender wenden. Wieder abdecken und noch 4–5 Minuten backen. (Der Wasserdampf in der Pfanne lässt den Schmarrn locker werden.)

Wenn der Teig bis zum Deckel aufgegangen ist, ist er gar. Nochmals wenden und mit einem Holzlöffel in Stücke zerteilen.

Nach Belieben etwas Zucker darüberstreuen und die Pfanne schwenken.

Den Schmarrn mit den kalten Zwetschgen servieren und mit Puderzucker bestreuen.

Rainers Tipp:

Nicht nur ungarische und rumänische Überbleibsel finden sich in der Küche der Siebenbürger Sachsen wieder, sondern auch österreichische. Die Habsburger hinterließen ihre Spuren z. B. in Form von Topfenschmarrn! Der meiner Oma wurde immer wunderbar luftig. Dazu souffliert sie ihn im Topf, wodurch Wasserdampf entsteht, der den Teig mit Luftbläschen versetzt.

Cremeschnitten

Dieses ursprünglich typisch rumänische Gericht war ein Thema für sich: Weder meine Oma noch meine Mutter waren scharf darauf, sie zuzubereiten, weil sie relativ aufwendig sind. Doch mein Bruder Bernd liebte Cremeschnitten und wünschte sie sich von Zeit zu Zeit; also wurde ihm (und natürlich auch uns) diese kleine Freude dann ab und an gemacht.

Für 1 Blech

Für den Teig
200 g Butterschmalz, plus etwas mehr zum Bestreichen
440 g Mehl, plus etwas mehr zum Bestreuen
2 Prisen Salz
4 EL Sonnenblumenöl

Für die Vanillecreme
1 kg Sahne
150 g Zucker
2 Vanilleschoten
10 Bio-Eigelbe
5 EL Speisestärke

Puderzucker zum Garnieren

Außerdem
Schneebesen

Für den Teig das Butterschmalz bei mittlerer Hitze in einem kleinen Topf zerlassen und mit den restlichen Zutaten und 250 ml lauwarmem Wasser unter Rühren aufkochen lassen. So lange rühren, bis sich der Teig als Kloß vom Topfboden löst. Von der Herdplatte ziehen und abgedeckt 20 Minuten ruhen lassen.

Auf einer leicht bemehlten Arbeitsfläche zu einem großen Rechteck (30 cm x 35 cm) ausrollen und dünn mit zerlassenem Butterschmalz bestreichen. Die untere Hälfte auf die obere legen und erneut mit Butterschmalz bestreichen. Noch zweimal wiederholen und den Teig anschließend großflächig ausrollen.

Den gesamten Vorgang zweimal wiederholen, so wird der Teig luftig und blättrig.

Den Backofen auf 200 °C (Ober-/Unterhitze) vorheizen und zwei Backbleche mit Backpapier belegen.

Den Teig auf die doppelte Größe eines Blechs ausrollen, halbieren und beide Bleche damit belegen. 20–25 Minuten goldbraun backen, herausnehmen und abkühlen lassen.

Für die Vanillecreme Sahne, Zucker und die längs eingeritzten Vanilleschoten kurz in einem Topf aufkochen. Die Temperatur reduzieren und die Eigelbe mit einem Schneebesen einrühren. Bei niedriger Temperatur stocken lassen.

Die Speisestärke in etwas Wasser auflösen und nach 5 Minuten einrühren, Vanilleschoten entfernen. Die Masse im Kühlschrank erkalten lassen.

Die Creme gleichmäßig auf einem der Teigböden verteilen. Die zweite Teighälfte darauflegen und leicht andrücken. 1 Stunde im Kühlschrank ruhen lassen.

Zum Servieren in Quadrate schneiden und mit Puderzucker bestäuben.

Bröselnudeln mit Puderzucker

Klassische Resteverwertung: Sie können hierfür auch übrig gebliebene Nudeln verwenden. Zusammen mit Semmelbröseln, Butter und Fruchtkompott ein perfektes süßes Mittagessen oder eine Nachspeise.

Für 4 Personen als Hauptspeise oder 6 Personen als Nachspeise

400 g Bandnudeln
100 g Butter
200 g Semmelbrösel
30 g Puderzucker
Früchtekompott zum Servieren (siehe Rezept S. 114)

Salzwasser in einem Topf zum Kochen bringen und die Bandnudeln darin bissfest garen. Abgießen und beiseitestellen.

Die Butter in einer mittelgroßen Pfanne schmelzen, Semmelbrösel zugeben und goldbraun rösten. Die Nudeln hinzufügen und gut vermengen.

Auf Teller verteilen und mit Puderzucker bestreuen. Bei Belieben etwas Früchtekompott dazu servieren.

Baumstriezel

Der ein oder andere kennt diese ur-siebenbürgische Spezialität von Weihnachtsmärkten oder Streetfood-Ständen. Bisweilen werden die Striezel dort mit allerlei Süßem oder auch Herzhaftem gefüllt, wir aßen sie aber lediglich mit etwas Puderzucker an speziellen Feiertagen. Es gibt sie in unserer Familie bis heute nur einmal im Jahr zum Geburtstag meines ältesten Bruders. Die Männer (Baumstriezelbacken ist traditionell Männersache!) versammeln sich dann um unseren selbst gebauten »Drehbackofen«. Der Hefeteig (dessen Zubereitung ist wiederum Frauensache) wird dann auf drei große »Backbäume« gewickelt, die den Baumstriezeln ihre typisch hohle Form geben. Dann werden sie rundum goldbraun gebacken. Für dieses Rezept brauchen Sie aber nur ein paar leere Getränkedosen und einen normalen Backofen.

Für 6 Baumstriezel

300 ml Milch
1 Würfel frische Hefe
150 g Butter
2 Bio-Eier
100 g Zucker
1 Prise Salz
1 kg Mehl
200 g Butterschmalz
Puderzucker

Außerdem

6 große, leere Getränkedosen mit 500 ml Fassungsvermögen
6 Stücke Alufolie (groß genug, um jeweils 1 Getränkedose vollständig einzuwickeln und einen Stiel formen zu können)

Die Milch erwärmen und die Hefe in 2 EL auflösen. Die Butter in einem kleinen Topf zerlassen.

Eier, Zucker und Salz schaumig schlagen. Die lauwarme Milch mit der Hefemischung unter die Eiermasse heben und zusammen mit dem Mehl zu einem glatten Teig verkneten. An einem warmen Ort 30 Minuten gehen lassen und anschließend in 6 gleich große Stücke zerteilen.

Den Backofen auf 200 °C (Ober-/Unterhitze) vorheizen.

Das Butterschmalz in einem Topf zerlassen. Jede Getränkedose einzeln in Alufolie wickeln, dabei an einem Ende überstehende Folie verzwirbeln, sodass ein Stiel zum Wenden und Halten entsteht. Die Folie mit Butterschmalz bestreichen.

Jedes Hefeteigstück in lange Streifen ziehen und dünn um die Dosen wickeln. Mit den Händen gleichmäßig andrücken und die Teigstücke miteinander verbinden.

Auf einem mit Backpapier ausgelegten Backblech in den Backofen geben, alle 10 Minuten mit Butterschmalz bestreichen und wenden.

Sobald der Teig goldbraun ist, den Puderzucker über die Striezel streuen und weitere 5 Minuten im Ofen karamellisieren lassen.

Herausnehmen und vorsichtig von den Dosen abziehen. Etwas abkühlen lassen und in Scheiben geschnitten servieren oder einfach abbeißen.

Omas Sommergerichte

Salatsuppe mit Speck-Omelett

Gefüllte Paprika

Rezepte S. 86 und S. 97

Siebenbürger

Sommer

Im Sommer pflegte Oma ihre Obst- und Gemüsebeete und wartete geduldig, bis die Früchte reif waren, um sie entweder frisch zuzubereiten oder für den Winter einzumachen. Sie fing meist mit Holunderblüten an, die Anfang Mai zu blühen begannen. Daraus kochte sie dann oft Sirup oder sie backte einige mit Teig ummantelt in einer Pfanne aus.
In Deutschland hatten Oma und ihre Freundinnen im Sommer etwas mehr Zeit und setzten sich am späten Nachmittag oft in den Garten, um entweder eine Partie Bridge oder Rommé zu spielen oder erste Vorbereitungen für die im Sommer anstehenden Hochzeiten zu treffen. Denn in der Regel wurde noch vor der Erntezeit geheiratet, und die gesamte Verwandtschaft und Bekanntschaft half bei den Hochzeitsvorbereitungen mit. Siebenbürgisch-sächsische Hochzeiten sind große Feste, für die die Brautleute ihre traditionelle Tracht anlegen. Natürlich gibt es dabei auch festliche Speisen, die auf keiner Hochzeitstafel fehlen dürfen. Nach der Kirche wird zum Mittagessen stets eine klare Hochzeitssuppe serviert, auf die zwei weitere Gänge folgen. Zur Kaffeezeit tischt man neben anderen Gebäcken vor allem Hanklich und Baumstriezel auf – ein Muss auf einer siebenbürgisch-sächsischen Hochzeit.

Siebenbürgisch-sächsisches Brauchtum

Die Siebenbürger Sachsen waren und sind immer noch traditionsbewusst. Bis heute versuchen sie, in zahlreichen Vereinen und Verbänden ihre Volkskultur zu bewahren. Untrennbar damit verbunden ist ihr Brauchtum und die Tracht, die insbesondere bei festlichen Anlässen wie der Konfirmation (die Siebenbürger Sachsen waren mehrheitlich protestantisch), Dorffesten oder Hochzeiten getragen wurde. Auch jahreszeitliche Kirchenfeste wie Ostern oder das Erntedankfest unterlagen festen Bräuchen. Zu Neujahr beispielsweise fegte die gesamte Familie Haus und Hof, Obstbäume wurden mit Strohbündeln umbunden, um im Frühjahr eine reiche Ernte zu erzielen, und in meiner Familie wurde dann stets ein »Noajorsfarkel« (sächs. Neujahrsferkel) geschlachtet. Im Sommer wurde in Siebenbürgen mehr gearbeitet als gefeiert. Man hielt sich vorwiegend auf den Feldern auf, zum Feiern war da wenig Zeit. Das Kronenfest Ende Juni allerdings war eines der schönsten Brauchtümer, insbesondere für die Jugend in den Dörfern. Hierfür stellte man einen Baumstamm auf, schmückte ihn mit einer Blumenkrone und versammelte sich darum. Einer der Burschen versuchte dann, den Stamm zu erklettern, wo ein mit Süßigkeiten gefüllter Korb auf ihn wartete, die er den jubelnden Kindern am Boden zuwarf.

Marinierte Spitzpaprika

Wie jeder Siebenbürger Sachse betrieb auch meine Familie Lagerhaltung. Die gelben Spitzpaprika aus Omas Garten wurden deshalb im Sommer stets als Erstes eingeweckt, bevor sie ihren typischen Geschmack verloren und rot wurden. Oma saß dann im Herbst auf ihrem angestammten Stuhl in der Küche und machte sich ein Glas eingelegte Paprika auf, um sie genüsslich aufzuessen.

Für 3 Einmachgläser à 150 ml

16 gelbe Spitzpaprikaschoten
1 Knoblauchzehe
50 ml Branntweinessig
4 EL Sonnenblumenöl
1 Prise Zucker
Salz und Pfeffer aus der Mühle

Außerdem
3 Einmachgläser mit je 150 ml Fassungsvermögen

Rainers Tipp:
Wenn Sie die gegrillten, noch heißen Paprikaschoten in eine Schale geben und diese verschließen, lassen sie sich durch den Wasserdampf besser schälen. Lassen Sie Kerngehäuse und Stiel ruhig dran, sie intensivieren den Geschmack. Die Paprika halten sich in luftdicht verschlossenen Einmachgläsern einige Monate.

Den Ofen auf 220 °C (Grillfunktion) vorheizen. Die Einmachgläser mit kochendem Wasser ausspülen und umgedreht auf einem sauberen Küchentuch abtropfen lassen.

Die Paprikaschoten abwaschen, trocknen und auf nebeneinander auf ein mit Backpapier ausgelegtes Backblech legen. Im Ofen so lange rösten, bis die Haut Blasen wirft und dunkel wird. Mit einer Grillzange jede Paprika ein Mal wenden und weitere 5 Minuten grillen.

Zum Auskühlen in eine Schale legen und diese fest verschließen. 6 Minuten darin ausdampfen lassen. Nun lässt sich die Haut ganz leicht mit den Fingern oder einem Messer abziehen.

Stiel und Kerngehäuse nicht entfernen. Den Saft, der während des Häutvorgangs austritt, auffangen und für die Marinade weiterverwenden. Die Paprikaschoten in eine flache Schale legen.

Den Knoblauch schälen und mit einem breiten Messer oder einem Mörser zu einem feinen Mus verarbeiten. Den Paprikasaft mit Essig und Öl vermengen und den Knoblauch zusammen mit 1 Prise Zucker einrühren. Mit Salz und Pfeffer abschmecken.

Die Paprika auf die Einmachgläser verteilen und die Marinade darübergeben. Fest verschließen und in kochendem Wasser einwecken. Kühl und dunkel gelagert sind sie einige Monate haltbar.

Vinete

Vinete – ein säuerliches Auberginenmus – ist mein Lieblingsbrotaufstrich. Ein ursprünglich rumänischer Spätsommer-Dip, der auch in die siebenbürgisch-sächsische Küche Eingang gefunden hat. Meine Oma wickelte die Auberginen immer in Zeitungspapier ein und legte sie dann auf den Holzkohlegrill. So schmeckten sie immer ganz besonders (heute denke ich mir, dass das möglicherweise an der Druckerschwärze lag!). Für mein Rezept röste ich die Auberginen allerdings ganz konventionell im Ofen und zerkleinere sie dann bevorzugt mit einem kleinen Holzbeil oder einem Holzstößel. Servieren Sie die Vinete an heißen Sommerabenden zu gegrilltem Fleisch und frischem Weißbrot.

Für 4 Personen als Brotaufstrich

4 Auberginen
1 kleine Zwiebel
1 Knoblauchzehe
1 Prise Salz
1 TL weißer Balsamicoessig
4 EL Sonnenblumenöl
Salz und Pfeffer aus der Mühle
einige Scheiben geröstetes Weißbrot

Außerdem
Mörser und Stößel

Den Backofen auf 220 °C (Grillfunktion) vorheizen.

Die Auberginen waschen und trocken tupfen. Auf ein mit Backpapier ausgelegtes Backblech legen und 40 Minuten backen, bis sie weich sind. Dabei mehrmals wenden.

In der Zwischenzeit die Zwiebel schälen und sehr fein schneiden. Den Knoblauch schälen und im Mörser mit 1 Prise Salz zu einem Mus zerstoßen.

Die Auberginen aus dem Ofen nehmen und in einer Schüssel abgedeckt 10 Minuten ausdämpfen lassen. Am Strunk kreuzweise einritzen und die Schale vorsichtig abziehen.

Zusammen mit dem Knoblauch und den restlichen Zutaten im Mörser zu einem feinen Mus verarbeiten. Mit Salz und Pfeffer abschmecken und geröstetes Weißbrot dazureichen.

Rainers Tipp:

Metallene Messer können die Auberginen anlaufen lassen, verwenden Sie deshalb lieber einen Holzlöffel oder -stößel.

Salata de Boeuf

Dieser Salat ist in Rumänien sehr bekannt und wird traditionell an Festtagen serviert. Meine Familie aß ihn aber meist im Sommer zum Beispiel zum Abendessen. Die Zutaten können variieren, je nachdem, was der Kühlschrank hergibt. Obligatorisch war bei Oma zwar das Siedfleisch (siehe Rezept S. 50), Sie können den Salat aber auch mit Hähnchen oder Pute zubereiten und ihn als Vor- oder als Hauptspeise servieren.

Für 6–8 Personen als Vorspeise oder Beilage

Für die Fleisch-Gemüse-Masse
1 Bund glatte Petersilie
1 Apfel
3 Stangen Staudensellerie
3 rote Paprikaschoten
1 Karotte
1 rote Zwiebel
400 g Siedfleisch (siehe Rezept S. 50)
100 g junge, gepalte Erbsen
Salz

Für die Mayonnaise
2 Bio-Eigelbe
1 EL Senf
4 EL Branntweinessig
400 ml Sonnenblumenöl
Salz und Pfeffer aus der Mühle
Abrieb und Saft von 1 Bio-Zitrone
100 g Magerquark
einige Scheiben Bauernbrot

Außerdem
Handrührgerät
Ausstech- oder Auflaufförmchen (6 cm Ø)

Die Petersilie waschen, die Blätter von den Stängeln zupfen und klein hacken.

Apfel, Sellerie und Paprika waschen, Sellerie und Paprika putzen, das Kerngehäuse vom Apfel entfernen. Alles fein würfeln. Die Karotte und die Zwiebel schälen und klein schneiden. Das Siedfleisch mundgerecht zerkleinern.

Alles zusammen mit den Erbsen und der gehackten Petersilie in eine Schüssel geben, leicht salzen und gut miteinander vermengen. 10 Minuten ziehen lassen.

Die Eigelbe in ein hohes Gefäß geben und mit dem Rührgerät schaumig schlagen. Senf und Branntweinessig dazugeben und das Öl nach und nach und in einem dünnen Strahl unter ständigem Rühren einfließen lassen. Solange rühren, bis eine dickliche Mayonnaise entsteht.

Mit Salz, Pfeffer sowie dem Zitronenabrieb und -saft abschmecken. Zum Schluss den Magerquark unterheben.

Die Fleisch-Gemüse-Mischung mit der Mayonnaise vermengen und in die Förmchen verteilen. Auf kleine Teller stürzen und mit Brot servieren.

Tomatensalat

Ein einfacher, sommerlicher Salat, den Mama und Oma als Beilage für viele Gerichte zubereiteten.

Für 4 Personen als Beilage

4 große Ochsenherztomaten
1 Knoblauchzehe
4 EL Olivenöl
Salz und Pfeffer aus der Mühle
2 rote Zwiebeln
1 TL Zucker
4 EL Branntweinessig
1 Bund glatte Petersilie zum Garnieren
1 Bund Frühlingszwiebeln zum Garnieren
einige Scheiben geröstetes Weißbrot zum Servieren

Die Tomaten waschen, den Blütenansatz keilförmig herausschneiden und das Fruchtfleisch in 1 cm dicke Scheiben schneiden. In eine Schüssel geben.

Die Knoblauchzehe schälen, fein hacken und mit Salz, Pfeffer und Olivenöl vermischen. Die Mischung über die Tomaten geben.

Die roten Zwiebeln schälen und in feine Ringe schneiden. Mit Zucker und Branntweinessig vermengen und über die Tomaten geben. Den Salat 5 Minuten ziehen lassen.

Die Petersilie waschen, die Blätter von den Stängeln zupfen und hacken. Die Frühlingszwiebeln waschen, putzen und in feine Ringe schneiden. Beides über den Salat streuen.

Mit gerösteten Weißbrotscheiben servieren.

Salatsuppe mit Speck-omelett

Für 4 Personen als Vorspeise

Für die Salatsuppe
½ Kopfsalat
1 EL Butter
1 EL Mehl
500 ml Milch
10 g Schweinebauch
1 Knoblauchzehe
1 Prise Salz
4 EL Branntweinessig
1 Prise Zucker
Salz und Pfeffer aus der Mühle

Für das Speckomelett
10 Scheiben Schinkenspeck
8 Bio-Eier
2 EL Sonnenblumenöl

Außerdem
Mörser

Diese Suppe war ein typisches Feldgericht der Bauern. Das Ei mit dem Speck war gehaltvoll und die Brühe kühlte die von der anstrengenden körperlichen Arbeit erhitzten Körper herunter. Das Besondere daran ist, dass man sie zügig essen muss, denn sonst wird der Salat weich. Wir Kinder schlangen die Suppe deshalb so schnell es ging hinunter. Oma mochte es aber gar nicht, wenn schnell gegessen wurde; sie empfand es als fehlende Wertschätzung für das Essen. Aber was half es, wir mussten uns zwischen welkem Salat oder einer Moralpredigt entscheiden.

Den Kopfsalat verlesen, gründlich waschen, trocken schleudern und in kleine Stücke reißen.

Die Butter in einem großen Suppentopf bei mittlerer Temperatur zerlassen, das Mehl hineingeben und 2–3 Minuten leicht anschwitzen. 1,5 l Wasser nach und nach dazugießen und mit einem Schneebesen verrühren, damit keine Klümpchen entstehen. Die Milch und den Schweinebauch im Ganzen hinzugeben und 2 Minuten köcheln lassen.

In der Zwischenzeit die Knoblauchzehe schälen und mit dem Salz im Märser zu einer Paste zerstoßen. Zur Suppe geben. Die Temperatur reduzieren und 20 Minuten ziehen lassen.

Anschließend Essig und Zucker hinzugeben und auf niedriger Stufe warm halten. Mit Salz und Pfeffer abschmecken.

Den Ofen auf 110 °C (Ober-/Unterhitze) vorheizen.

Für das Speckomelett den Schinkenspeck auf ein Backblech geben und 5 Minuten im heißen Ofen knusprig backen. Herausnehmen und zum Abkühlen beiseitestellen.

Die Eier in einer Schüssel mit dem Schneebesen aufschlagen.

Das Sonnenblumenöl in einer mittelgroßen Pfanne erhitzen, die verquirlten Eier hinzugeben und mit Salz und Pfeffer abschmecken. Einen Deckel auflegen.

Wenn die Oberseite zu stocken beginnt, das Omelett mit einem Pfannenwender vorsichtig wenden und nochmals 1–2 Minuten backen. In mundgerechte Stücke zerteilen und beiseitestellen.

Die abgekühlten Speckstreifen nach Belieben in kleine Stücke brechen.

Die Suppe auf tiefe Teller verteilen, die Salatblätter einlegen und mit den Omelett-Stückchen und den knusprigen Speckscheiben garnieren.

Tomatensuppe

Meine Oma lehnte es stets ab, Tomaten aus der Dose zu verarbeiten. Aus diesem Grund gab es Tomatensuppe bei uns nur im Spätsommer, wenn die Tomaten im Garten überreif waren. Oma stellte dann ihre eigenen »Dosentomaten« her, indem sie die selbst geernteten Tomaten einweckte und im Herbst und Winter für verschiedene Gerichte verwendete. Die alten Siebenbürger Sachsen nannten die Suppe übrigens auch »Paradeisersuppe«, da die Tomaten auch als Paradiesäpfel – »Paradeiser« – bezeichnet wurden. In Österreich ist das noch heute so.

Für 4 Personen

1 kg reife Tomaten
1 Handvoll Basilikumblätter
4 EL Olivenöl
1 Zwiebel
1 Knoblauchzehe
1 TL Paprikapulver
1 TL frische Thymianblättchen
1 Lorbeerblatt
3 Wacholderbeeren
Salz und Pfeffer aus der Mühle
4 Scheiben Bauernbrot
Schmand zum Garnieren

Außerdem
Stabmixer

Die Tomaten waschen, den Blütenansatz entfernen und das Fruchtfleisch vierteln. Die Basilikumblätter waschen und in feine Streifen schneiden.

Das Olivenöl in einem hohen Topf erhitzen. Zwiebel und Knoblauch schälen, klein schneiden und kurz im Öl sautieren. Das Paprikapulver dazugeben und einige Minuten rösten.

Die Tomaten zusammen mit 500 ml Wasser in den Topf geben und verrühren. Die Gewürze hinzugeben und zugedeckt 1 Stunde bei mittlerer Hitze köcheln lassen.

Mit dem Stabmixer pürieren. Sollte die Konsistenz der Suppe zu dick sein, noch etwas Wasser zugeben. Mit Salz und Pfeffer abschmecken.

Die Bauernbrotscheiben nacheinander in einer Pfanne rösten. Nach Belieben mit Salz und Olivenöl beträufeln.

Die Suppe in tiefe Teller geben, mit gehackten Basilikumblättern garnieren und einem Klecks Schmand krönen. Mit knusprigem Bauernbrot servieren.

Hochzeitssuppe

Diese Suppe war, wie es der Name schon erahnen lässt, eine Festtagssuppe und durfte auf Hochzeiten oder Konfirmationen nie fehlen. Die Nudeln bereiten wir immer selbst zu und legten sie in unserem Keller zum Trocknen aus. Da der Teig sehr dünn gewalkt und anschließend geschnitten werden muss, brauchten Mama und Oma viel Ruhe und Zeit und machten deshalb immer gleich eine große Menge auf Vorrat. Das sah immer aus, als würden sie für eine ganze Kompanie kochen. Sobald die kleinen, feinen Nudeln aber in der Suppe schwammen, schwand dieser Eindruck schnell.

Für 4 Personen als Vorspeise

1,5 l Rinderbrühe (siehe Rezept S. 26)
2 Karotten
½ Knollensellerie
100 g Weizenmehl, plus etwas mehr zum Bestreuen
100 g Hartweizengrieß
1 Bio-Ei
1 Prise Salz
4 EL Sonnenblumenöl
200 g Siedfleisch, gewürfelt (siehe Rezept S. 50)
1 Handvoll gehackte glatte Petersilie zum Servieren

Außerdem
Küchenmaschine oder Handrührgerät
Nudelholz

Die Brühe in einem Topf erhitzen. Karotten und Sellerie gründlich waschen, fein würfeln und hineingeben. Ziehen lassen.

Für den Nudelteig Mehl, Grieß, Ei, Salz und 1 EL Öl in der Küchenmaschine zu einem festen Teig verkneten.

In Frischhaltefolie wickeln und bei Zimmertemperatur 30 Minuten ruhen lassen. Danach auf einer bemehlten Arbeitsfläche mit einem Nudelholz 4 mm dünn ausrollen.

Mit einem Messer an der linken oberen Ecke ansetzen und den Teig mehrmals diagonal einschneiden. Anschließend vertikale Schnitte setzen, sodass etwa 1 cm große Rauten entstehen.

3 EL Öl in einer großen Pfanne bei hoher Temperatur erhitzen und die Rauten darin 5 Minuten ausbacken, bis sie goldbraun sind. Auf ein Küchentuch geben und abtropfen lassen.

Das Gemüse aus der Brühe entfernen und z. B. im Salata de Boeuf (Rezept S. 83) verwenden. Die Nudeln und das gewürfelte Siedfleisch auf Teller verteilen und die heiße Brühe darübergeben. Mit etwas gehackter Petersilie bestreut servieren.

Beilagen-Tipp:

Neben den Rautennudeln gab es bei uns auch oft feinste Fadennudeln, die aus demselben Teig hergestellt werden. Hierfür den Teig nach der Ruhezeit auf einer bemehlten Arbeitsfläche 1 mm dünn ausrollen und mit etwas Hartweizengrieß bestreuen. Der Länge nach locker falten und mit einem scharfen Messer vertikal hauchdünne Nudeln abschneiden.Die Nudeln auf einem Brett trocknen lassen. Entweder sofort in die Suppe geben oder luftdicht verpackt und kühl gelagert aufbewahren.

Säuerliche Brühe mit Hackfleischbällchen (Ciorbă de perişoare)

Für 4 Personen

Für die Brühe

2 l Hühnerbrühe oder Rinderbrühe (siehe Rezept S. 26)
3 Karotten
½ Knollensellerie
2 festkochende Kartoffeln
1 Zucchino
1 rote Paprikaschote
100 g junge, gepalte Erbsen
1 Tomate
1 Stange Lauch
4 Stängel Liebstöckel
4 Stängel glatte Petersilie
½ Bund Schnittlauch
Saft von 1 Zitrone
Sauerkrautsaft zum Abschmecken (nach Belieben)

Für die Hackfleischbällchen

300 g gemischtes Hackfleisch
60 g Rundkornreis
½ Knoblauchzehe
1 Bio-Ei
Salz

Diese Suppe kochte eigentlich immer meine Mutter. Sie servierte sie mit vergorenem Sauerkrautsaft, der im Herbst beim Einlegen von Sauerkraut entstand. Die »Goich«, wie man den Saft bei den Siebenbürgen nannte, war für uns Kinder ein Graus. Wir konnten damit nicht viel anfangen und verstanden schon gar nicht, inwiefern die Suppe damit verfeinert werden sollte. Wir weigerten uns lange, ihn zu trinken oder in die Suppe zu geben. Darüber gab es jedes Mal Diskussionen am Esstisch, weil wir angeblich nicht wussten, was gut sei. Erst später und mit der richtigen Dosierung erkannten wir, dass Sauerkrautsaft die Suppe tatsächlich geschmacklich bereichert.

Die Brühe in einem großen Topf erhitzen.

Karotten, Sellerie und Kartoffeln schälen und in gleich große Würfel schneiden.

In einem separaten Topf Salzwasser zum Kochen bringen und das Gemüse 5 Minuten darin blanchieren, sodass es noch bissfest ist. Herausnehmen und unter kaltem Wasser abschrecken. Beiseitestellen und das Salzwasser weiter warmhalten.

Das restliche Gemüse ebenfalls waschen, putzen, klein schneiden und beiseitestellen.

Für die Hackfleischbällchen den Knoblauch schälen und klein hacken. Das Hackfleisch mit dem Reis und dem Knoblauch zu einer weichen Masse kneten. Das Ei zugeben, mit Salz abschmecken und zu kleinen Bällchen formen.

In der Zwischenzeit das Blanchierwasser wieder zum Kochen bringen.

Die Hackfleischbällchen für 10 Minuten hineingeben. Wenn der Reis in den Bällchen gar ist, diese herausnehmen und beiseitestellen.

Nun das blanchierte und rohe Gemüse sowie die Hackfleischbällchen in die Brühe geben und kurz aufkochen.

Die Kräuter waschen. Die Blätter von Liebstöckel und Petersilie abzupfen und in feine Streifen schneiden. Den Schnittlauch in Röllchen schneiden. Zusammen mit dem Zitronensaft und dem Sauerkrautsaft kurz vor dem Servieren in den Topf geben.

Rainers Tipp:

Für dieses Suppenrezept ist es wichtig, dass Sie das Gemüse wegen der unterschiedlich langen Garzeiten getrennt voneinander zubereiten. Karotten, Sellerie und Kartoffeln werden deshalb zuvor blanchiert. Die Hackfleischbällchen unbedingt separat kochen und erst später zur Brühe geben, sonst wird diese trüb.

Rezeptfoto siehe nächste Seite

Gefüllte Paprika

Meine Oma stellte immer fest, dass dieses Gericht auch in Deutschland ein Klassiker ist, man hier aber nicht wüsste, wie es richtig zubereitet wird. Sie sagte immer, das läge an den falschen Paprikaschoten aus dem Supermarkt. Denn sie verwendete hierfür ausschließlich gelbe Spitzpaprika aus ihrem eigenen Garten. Ein typisches Sommergericht in unserer Familie.

Für 4 Personen

Für die Tomatensauce
2 EL Olivenöl
1 Zwiebel
1 TL edelsüßes Paprikapulver
800 g Eiertomaten (aus der Dose)
Salz und Pfeffer aus der Mühle

Für die gefüllten Paprika
12 gelbe Spitzpaprikaschoten
400 g gemischtes Hackfleisch
60 g Rundkornreis
½ Knoblauchzehe
2 Bio-Eier
2 EL Rapsöl

Schmand zum Garnieren
einige Scheiben Bauernbrot (nach Belieben)

Außerdem
Stabmixer
Schmortopf

Das Olivenöl in einem Topf auf mittlerer Stufe erhitzen. Die Zwiebel schälen und würfeln. Zusammen mit dem Paprikapulver und einige Minuten im Öl sautieren.

Sobald die Zwiebel glasig ist, die Dosentomaten dazugeben. 30 Minuten bei mittlerer Temperatur offen köcheln lassen. Abschmecken, mit einem Stabmixer pürieren und beiseitestellen.

Die Spitzpaprikaschoten waschen und trocken tupfen. Die Stielenden sowie die Kerne und weißen Trennhäute entfernen. Beiseitestellen.

Das Hackfleisch mit dem Reis und 100 ml lauwarmem Wasser zu einer weichen Masse verkneten. Den Knoblauch schälen und mit etwas Salz zu einer feinen Paste zerdrücken. Mit den Eiern zum Hackfleisch geben und untermischen.

Die Hackfleischmasse entweder mit den Händen oder mit einem Löffel in die Spitzpaprikaschoten füllen, sodass die Füllung wenige Millimeter über die Paprikaöffnung hinaussteht.

Das Rapsöl in einem Schmortopf bei mittlerer Temperatur erhitzen und die Paprika von allen Seiten scharf anbraten.

Die Tomatensauce dazugießen und alles bei mittlerer Hitze 2 ½ Stunden schmoren.

Abschließend mit einem Klecks Schmand und einer Scheibe Bauernbrot in tiefen Tellern servieren.

Omas Tokane (Tokány)

Für 4 Personen

5 große festkochende Kartoffeln
600 g magere Rinderbrust
4 EL Sonnenblumenöl
2 Zwiebeln
1 Knoblauchzehe
1 TL edelsüßes Paprikapulver
1 EL Tomatenmark
3 rote Paprikaschoten
Salz und Pfeffer aus der Mühle

Außerdem
Schmortopf

Wenn meine Oma nicht viel Zeit hatte, weil sie mit dem Haushalt und anderen Dingen beschäftigt war, musste es beim Mittagessen schnell gehen. Fast entschuldigend kochte sie dann oft ungarisches Tokány für uns, denn so richtig scharf waren wir Kinder nicht darauf. Meistens machte sie das dann mit einem Dessert am Nachmittag wieder gut. Heute finde ich, dass sie das gar nicht hätte tun müssen, denn Tokány gehört zu den schmackhaftesten ungarischen Klassikern und unterscheidet sich in der Fleischzubereitung ein wenig vom bekannten Gulyás oder dem Pörkölt.

Die Kartoffeln waschen, schälen und längs achteln.

Das Fleisch in lange Streifen schneiden und in einem Schmortopf in 1 EL Öl 2–3 Minuten scharf anbraten. Herausnehmen und beiseitestellen.

Zwiebeln und Knoblauch schälen und fein hacken. Das restliche Öl im selben Topf bei mittlerer Temperatur erhitzen und Zwiebeln und Knoblauch mit Paprikapulver und Tomatenmark kurz darin anrösten.

Die Paprikaschoten waschen, das Kerngehäuse entfernen, das Fruchtfleisch in Streifen schneiden und hinzufügen.

Mit 1,5 l Wasser ablöschen und Kartoffelstücke und Fleischstreifen dazugeben. Das Tokány 25 Minuten bei mittlerer Hitze abgedeckt köcheln lassen, bis die Kartoffeln und das Fleisch weich sind. Mit Salz und Pfeffer abschmecken.

Rainers Tipp:
Sollte die Stärke aus den Kartoffeln nicht für eine sämige Konsistenz der Sauce ausreichen, diese einfach mit 1 EL Mehl abbinden.

Mitsch (Mititei)

Die rumänischen Mititei heißen in unserer Familie Mitsch. Die kleinen, würzigen Frikadellen machte mit Vorliebe mein Vater. Er gab immer extra viel Knoblauch dazu, sodass für mehrere Tage ein starker Knoblauchgeruch im Haus hing. Ohne Mitsch gab es bei uns früher keinen Grillabend. Wir bereiteten sie immer auf dem Grill zu (so schmecken sie am besten) und anschließend gab es ein obligatorisches Wettessen: Wer schafft die meisten auf einmal? In Rumänien sind sie traditionelles Streetfood; kein Wunder – die kleinen, ovalen Fleischbällchen sind ein perfekter Snack für Zwischendurch. Dabei sind sie wunderbar fluffig – die Geheimzutat heißt hier Natron. Servieren Sie dazu noch verschiedene Salate, Ofengemüse und ganz wichtig: Senf!

Für 4 Personen

3 Knoblauchzehen
800 g gemischtes Hackfleisch
2 TL Speisenatron
1 TL Paprikapulver
Salz und Pfeffer aus der Mühle
einige Scheiben Bauernbrot und mittelscharfer Senf zum Servieren

Außerdem
Mörser

Den Ofen auf 60 °C (Warmhaltestufe) vorheizen.

Die Knoblauchzehen schälen und klein hacken. In den Mörser geben, mit etwas Salz bestreuen und zu einem feinen Mus zermahlen.

Die restlichen Zutaten für die Hackfleischmasse in einer Schüssel mit 125 ml lauwarmem Wasser vermengen. Die Masse gut durchkneten, sodass ein luftiges, weiches Brät entsteht.

In handtellergroße Portionen unterteilen und diese jeweils zu 2–3 cm dicken ovalen Bällchen formen.

5 EL Sonnenblumenöl in einer Pfanne bei mittlerer Temperatur erhitzen und die Mitsch portionsweise von allen Seiten scharf anbraten und im warmen Ofen ziehen lassen.

Mit Bauernbrot und Senf servieren und nach Belieben Tomatensalat (siehe Rezept S. 84) oder Ofengemüse dazureichen.

Frikadellen mit Kartoffelstampf und roter Sauce

Für 4 Personen

Für die Frikadellen
1 Zwiebel
1 Knoblauchzehe
1 EL Sonnenblumenöl
1 Bund Petersilie
Salz und Pfeffer aus der Mühle
2 Bio-Eier
500 g gemischtes Hackfleisch
100 g Semmelbrösel
100 g Butterschmalz

Für den Kartoffelstampf
400 g mehligkochende Kartoffeln
250 g Butter
1 Prise Muskat

Für die rote Sauce
6 überreife Tomaten oder 400 g Tomaten (aus der Dose)
1 Zwiebel
1 Knoblauchzehe
1 TL edelsüßes Paprikapulver
2 TL frische Thymianblättchen
1 Lorbeerblatt
2 Wacholderbeeren
1 Prise Zucker

Außerdem
Kartoffelstampfer
Stabmixer

Ein reines Sommergericht, da Oma die Tomatensauce nur mit frischen Tomaten aus dem Garten kochte. Sie briet immer mehr Frikadellen, als für das Mittagessen benötigt wurden. Sie spekulierte darauf, dass wir die restlichen auch kalt zum Abendessen verputzen würden. Doch Reste gab es bei drei hungrigen Jungs dann doch recht selten. Die Frikadellen waren einfach so schnell im Mund und somit ein perfekter Snack für Zwischendurch.

Den Backofen auf 60 °C (Warmhaltestufe) vorheizen.

Zwiebel und Knoblauch schälen, fein würfeln und in einer Pfanne im heißen Öl anschwitzen. Beiseitestellen.

Die Petersilie waschen, trocken schütteln, die Blätter abzupfen und fein hacken. Mit den Zwiebeln vermengen und mit Salz und Pfeffer abschmecken. Die gedünsteten Zwiebeln zusammen mit den Eiern und dem Hackfleisch zu einer weichen, luftigen Masse verkneten. So bleiben die Frikadellen schön locker.

Die Masse mit den Händen portionieren, zu etwa 6–7 cm großen Kugeln formen und etwas platt drücken.

Die Semmelbrösel auf einem Teller verteilen und die Frikadellen von allen Seiten darin wälzen.

Das Butterschmalz in einer Pfanne bei mittlerer Temperatur erhitzen und die Frikadellen darin ausbacken, bis sie goldbraun sind. Auf einen Teller geben und im Backofen 10 Minuten nachziehen lassen.

Die Kartoffeln im Salzwasser weich kochen, abgießen und pellen. In einem Topf mit dem Kartoffelstampfer zerdrücken und nach und nach die Butter dazugeben. Mit Salz, Pfeffer und Muskat würzen.

Für die rote Sauce die Tomaten gründlich waschen und den Blütenansatz entfernen. Anschließend das Fruchtfleisch vierteln. Zwiebel und Knoblauchzehe schälen und beides ebenfalls vierteln.

In einem Topf die Zwiebel und den Knoblauch mit dem Paprikapulver bei mittlerer Hitze kurz anrösten. Die Tomaten zugeben und mit dem Thymian und den restlichen Gewürzen 10 Minuten einkochen.

Die Tomatensauce fein pürieren und zusammen mit den Frikadellen und dem Kartoffelstampf servieren.

Rainers Tipp:

Wundern Sie sich nicht über die recht große Menge Butter – so machte es Oma immer, und so schmeckt mir der Kartoffelstampf am besten! Wenn Ihnen eine Packung zu viel ist, reduzieren Sie die Menge nach Belieben.

Pfitzauf

Der Pfitzauf ist eigentlich eine typisch schwäbische Süßspeise, die Oma in Deutschland gerne gebacken hat. Der Name kommt vom schwäbischen Wort »aufpfitzen«, was in etwa mit »in die Höhe wachsen« übersetzt werden kann. Die Schwaben verwenden hierfür die typische Pfitzaufform aus Ton, für mein Rezept können Sie aber auch ofenfeste Kaffeetassen verwenden.

Für 8 Personen als Nachspeise

150 g Weizenmehl
4 Bio-Eier
1 Prise Salz
500 ml Milch, plus mehr bei Bedarf
5 EL Zucker
Butter zum Einfetten der Formen
Puderzucker zum Garnieren
Früchtekompott zum Servieren (siehe Rezept S. 114)

Außerdem

8 ofenfeste Tassen (8–10 cm Ø) oder Pfitzaufform

Den Backofen auf 180 °C (Ober-/Unterhitze) vorheizen.

Alle Zutaten bis auf die Butter und den Puderzucker in einer Schüssel mit dem Schneebesen zu einem glatten Teig vermengen. 10 Minuten quellen lassen. Währenddessen die Förmchen mit etwas Butter ausstreichen.

Den Teig nach 10 Minuten nochmals umrühren. Sollte er zu dickflüssig sein, nach Belieben mit Milch verdünnen.

Den Teig gleichmäßig in die Formen verteilen und 15 Minuten im Ofen backen. Wenn er zu zwei Dritteln über den Rand der Auflaufform aufgegangen und schön goldbraun ist, ist er fertig.

Herausnehmen, Puderzucker darüberstäuben und mit Früchtekompott sevieren.

Zwetschgenknödel mit Staubzucker

Für 4 Personen

16 Zwetschgen
16 Stück Würfelzucker

Für den Teig
300 g mehligkochende Kartoffeln
1 EL Mehl
1 Prise Salz
2 Bio-Eigelbe

Für die Knödelkruste
100 g Butter
5 EL Zucker
300 g Semmelbrösel
50 g Puderzucker zum Garnieren

Außerdem
Kartoffelpresse
feines Sieb

Meine Oma entsteinte die Zwetschgen nie und verarbeitete sie als ganze im Kartoffelteig. Daraus entstand immer ein Wettessen: Wer am meisten Zwetschgenkerne auf dem Teller liegen hatte, hatte zwar gewonnen, aber auch Bauchweh. Dieses Gericht gab es im Spätsommer zur Steinobstzeit. Dann aber häufiger.

Die Zwetschgen verlesen, waschen und entsteinen. Anschließend aufklappen, jeweils 1 Zuckerwürfel hineingeben, zuklappen und beiseitelegen.

Die Kartoffeln waschen und in Salzwasser weich kochen. Das Wasser abgießen. Die Kartoffeln etwas abkühlen lassen, bis sie lauwarm sind, und pellen. Ein Küchentuch auf der Arbeitsfläche ausbreiten und die Kartoffeln durch eine Kartoffelpresse darauf ausdrücken und verteilen.

Mit einem feinen Sieb Mehl und Salz auf die Kartoffeln sieben. Die Eigelbe daraufgeben.

Jetzt abwechselnd die Ecken des Küchentuchs fassen und zur jeweils gegenüberliegenden Seite ziehen. So oft wiederholen, bis ein glatter Teig entsteht. Diesen im Küchentuch 10 Minuten ruhen lassen.

Anschließend zu einem 5 cm dicken Strang rollen und in 5 mm dicke Scheiben schneiden. Auf jeden Teigkreis mittig eine gezuckerte Zwetschge legen. Nun die Ränder nach innen zu Knödeln falten und um die Zwetschge herum verschließen. In der Handinnenfläche zu einem schönen runden Bällchen formen.

In einem großen Topf Salzwasser zum Kochen bringen. Hitze reduzieren. Die Knödel hineingeben und 5–7 Minuten darin ziehen lassen. Sie sind gar, sobald sie an der Wasseroberfläche schwimmen.

Für die Knödelkruste eine Pfanne bei mittlerer Temperatur erhitzen, die Butter hineingeben und schmelzen. Zucker und Semmelbrösel hinzufügen und vermengen. 5 Minuten goldbraun rösten.

Die Zwetschgenknödel mit einer Schaumkelle aus dem Wasser heben und gut abtropfen lassen.

In die Pfanne geben und durch die gerösteten Semmelbrösel schwenken, bis sie rundherum damit bedeckt sind.

Abschließend mit Puderzucker bestreuen und warm servieren.

Rainers Tipp:

Verwenden Sie für die Teigzubereitung unbedingt ein Küchentuch. Dadurch bleiben die Hände sauber und der Teig wird nicht »leimig« (dabei tritt Stärke aus, was den Teig feucht werden lässt). Fügen Sie bei Bedarf ruhig mehr Mehl hinzu.

Rezeptfoto siehe nächste Seite

LE CREUSET

Vogelmilch mit Blaubeerkompott

Für 4 Personen

Für die Vanillesauce
500 g Sahne
500 ml Milch
100 g Zucker
2 Vanilleschoten
10 Bio-Eigelbe

Für die Eiweißnocken
10 Bio-Eiweiß
1 EL Zucker
1 Prise Salz
1 l Milch

Für das Blaubeerkompott
300 g Blaubeeren
100 g Zucker

Außerdem
Handrührgerät
Schneebesen

Dieses klassisch siebenbürgische Gericht ist ein herrlich erfrischendes Sommerdessert. Oma lagerte sie einige Stunden im Kühlschrank, bevor wir sie verputzen durften. Doch in der Zwischenzeit gingen wir immer mal heimlich in die Küche und stahlen die Eiweißnocken aus der Vanillesauce, sodass am Ende fast keine mehr übrig waren. Oma und Mama wurden dann immer fuchsteufelswild, wenn sie sahen, wie viele wir schon erbeutet hatten. Meistens machten sie dann aber welche nach.

Sahne und Milch zusammen mit dem Zucker in einen großen Topf geben und bei mittlerer Temperatur erhitzen. Die Vanilleschoten längs aufschneiden und das Mark herauskratzen. Beides in den Topf geben.

Mit dem Handrührgerät die Sahne-Milch-Mischung schaumig schlagen, bis sich der Zucker aufgelöst hat.
Die Eigelbe in einer Schüssel leicht schaumig schlagen und langsam in die Mischung gießen. Unter ständigem Rühren kurz aufkochen lassen und den Herd danach sofort auf die niedrigste Stufe stellen. So kann die Sauce andicken, ohne anzubrennen oder zu gerinnen.

Nach 15 Minuten vom Herd nehmen und auskühlen lassen. Gelegentlich mit dem Schneebesen aufschlagen.

Für die Eiweißnocken das Eiweiß zusammen mit Zucker und Salz mit dem Handrührgerät zu Schnee aufschlagen.

Die Milch in einem großen Topf erhitzen. Sobald sie anfängt zu sieden, den Herd abschalten.

Aus dem Eiweißschaum mit zwei Teelöffeln Nocken abstechen und in die heiße Milch geben. Einen Deckel auflegen, damit die Nocken gut aufgehen. Sobald sie ihr Volumen verdoppelt haben, den Topf vom Herd nehmen und 10 Minuten abkühlen lassen.

Anschließend die Nocken in die Vanillesauce legen und 2 Stunden im Kühlschrank ziehen lassen. Die Milch anderweitig verwenden.

Die Blaubeeren verlesen und waschen.

Mit dem Zucker in einem kleinen Topf zum Kochen bringen. Sobald sich der Zucker aufgelöst hat, die Hitze reduzieren und das Kompott 10 Minuten köcheln lassen. Vollständig abkühlen lassen.

Zusammen mit den Nocken und der Vanillesoße servieren.

Rainers Tipp:

Für eine gelingsichere Vanillesauce die Herdplatte nach dem ersten Aufkochen abschalten oder die Sauce auf der niedrigsten Stufe fertig stocken lassen.

Rezeptfoto siehe nächste Seite

Grundrezept Früchtekompott

Wenn ich heute einwecke und einkoche, kommt mir immer ein bestimmtes Bild in den Sinn: Oma, wie sie stundenlang auf dem Hocker in unserer Küche saß, die Obst- oder Gemüsesorten vorbereitete, dabei Radio hörte und mitsang. Sie sang generell viel, auch ohne Radio. Eingemacht wurde hauptsächlich im Spätsommer, Beerenmarmeladen und Kompotte eher in den Monaten Juni und Juli.

Für 3 Einmachgläser à 150 ml

400 g (Stein-)Obst nach Wahl (z. B. Heidelbeeren, Aprikosen, Zwetschgen, Pfirsiche)
100 g Zucker
1 guter Spritzer Zitronensaft
2 Gewürznelken (nach Belieben)

Außerdem

3 verschließbare sterile Einmachgläser mit je 150 ml Fassungsvermögen

Das Obst waschen, halbieren, gegebenenfalls entsteinen und vierteln. In einen Topf geben.

Den Zucker in einem kleinen separaten Topf bei geringer Hitze auflösen, die Temperatur erhöhen und kurz zum Kochen bringen. Die heiße Zuckermasse zusammen mit dem Zitronensaft und den Nelken zu den Früchten geben. Zum Kochen bringen, bis sich eine Schaumkrone bildet.

Herdplatte ausschalten und das Kompott 5 Minuten ziehen lassen. Heiß in die ausgekochten Einmachgläser füllen, verschließen und mindestens 10 Minuten umgedreht stehen lassen.

Hanklich

Die Hanklich (mittelhochdeutsch »anklig« oder »ankelig«, also »was nach Butter schmeckt«) ist ein traditioneller siebenbürgischer Blechkuchen. Wenn Oma Hanklich backte, dann nur zu besonderen Gelegenheiten, z. B. zu Hochzeiten. Nicht wegen des Hefeteigs, sondern aufgrund des kostbaren Rahms. Wir wohnten damals neben einem Bauernhof und holten von dort jeden zweiten Tag frische Milch, die noch am Abend gekocht werden musste. Um zu wissen, wann die Milch überzukochen drohte, legten wir einen sogenannten »Klapperstein« aus Porzellan auf den Topfboden. Sobald die Milch anfing zu kochen, meldete sich der Stein am Boden und wir wussten, dass wir den Herd sofort ausstellen mussten, wenn wir nicht die ganze Küche putzen wollten. Lief alles glatt, ließen wir die Milch über Nacht stehen, und es bildete sich eine Schicht Rahm an der Oberfläche. Der wurde dann gesammelt und zum Verfeinern und Backen verwendet. Für dieses Rezept können Sie statt der Aprikosen jedes beliebige Steinobst, z. B. Pflaumen, verwenden.

Für 1 Blechkuchen

Für den Teig
200 ml Milch
2 Bio-Eigelbe
100 g Zucker
1 Prise Salz
1 Würfel frische Hefe
150 g Butter
500 g Weizenmehl

Für die Schmand-Creme
200 g Aprikosen
5 EL Zucker
1 Vanilleschote
4 Bio-Eigelbe
600 g Schmand

Außerdem
Schneebesen

Für den Teig die Milch erwärmen. Eigelbe, Zucker und Salz mit einem Schneebesen schaumig rühren. Die Eiweiße für die Vogelmilch verwenden (Rezept S. 110). Die Hefe in 2 EL lauwarmer Milch auflösen und unter die Eimischung rühren. Die Butter in einem kleinen Topf schmelzen.

Das Mehl auf die Arbeitsfläche geben und Hefemischung, restliche Milch und geschmolzene Butter nach und nach untermischen. Zu einem geschmeidigen Teig kneten. Bei Zimmertemperatur abgedeckt 30 Minuten gehen lassen.

Die Aprikosen waschen, entsteinen und vierteln. Mit 2 EL Zucker in einer Schüssel vermengen.

Die Vanilleschote längs aufschneiden und das Mark herauskratzen. Die Eigelbe mit Schmand, Vanillemark und dem restlichen Zucker vermengen.

Den Backofen auf 200 °C (Ober-/Unterhitze) vorheizen.

Den Hefeteig 5 mm dünn ausrollen und auf ein gefettetes Backblech legen. Mit den Fingern einen Rand formen. Die Schmandmasse auf dem Hefeteig verstreichen. Die gezuckerten Aprikosenstücke gleichmäßig darauf verteilen und vorsichtig in die Masse drücken.

Die Hanklich 40 Minuten im Ofen backen.

Sie ist gar, sobald der Hefeteig leicht angebräunt ist und der Schmand fest wird.

Rolltorte

Die Königsdisziplin meiner Oma war das Tortenbacken. Jeder Torte widmete sie unglaublich viel Zeit. Sie war schon fast pedantisch, wenn es um das Abwiegen der Zutaten ging, und ließ sich von niemandem reinreden. Aus diesem Grund stand sie schon in aller Herrgottsfrühe auf und fing an zu backen. Wenn wir Kinder dann Stunden später aufwachten, duftete es schon im ganzen Haus nach Biskuit und allerlei süßen Ingredienzen. In unserer Kellerküche konnte man dann z. B. diese Rolltorte bestaunen – essen durften wir Kinder sie eigentlich nicht, da sie mit Rum getränkt war. Natürlich scherten wir uns darum recht wenig und waren dann hin und wieder nach dem Verzehr eines Stücks leicht beschwipst.

Für 1 Torte

Für den Biskuitteig
6 Bio-Eier
240 g Zucker
1 Prise Salz
180 g Mehl
4 TL Backpulver
4 TL Kakaopulver

Für die Buttercreme
250 g Butter
150 g Zucker
5 EL Rum
100 g Johannisbeermarmelade

400 g gehackte Walnusskerne

Außerdem
Stabmixer
Winkelpalette

Den Backofen auf 180 °C (Ober-/Unterhitze) vorheizen.

Für den Biskuitteig Eier mit Zucker und Salz sehr schaumig schlagen. Nach und nach Mehl, Back- und Kakaopulver unter den Eierschaum heben. Die Masse auf einem eingefetteten Backblech verteilen und 15 Minuten backen.

Die Butter mit dem Zucker schaumig schlagen und den Rum einrühren.

Den fertigen Biskuitteig 3 Minuten abkühlen lassen und dann auf die Arbeitsfläche stürzen. Längs in 3 lange Streifen schneiden und diese jeweils dünn mit einem Drittel der Buttercreme bestreichen. In dünnen Schichten die Johannisbeermarmelade auftragen.

Den ersten Streifen fest einrollen, sodass die Butter-Johannisbeer-Mischung auf der Innenseite liegt. Den zweiten Streifen am Endstück der ersten Rolle ansetzen und weiter aufrollen. Mit dem dritten Teigstreifen ebenso verfahren und die Rolltorte auf eine Kuchenplatte setzen.

Die restliche Buttercreme mit einer Winkelpalette gleichmäßig auf und um die Torte herum auftragen. Die gehackten Walnusskerne auf der Torte und den Rändern verteilen und gut andrücken.

Gedeckter Apfelkuchen

Oma bereitete ihren gedeckten Apfelkuchen nicht mit dem klassischen Mürbe- oder Rührteig zu, sondern stellte dafür selbst Blätterteig her. Durch mehrmaliges Falten des Teigs wird der Apfelkuchen am Ende herrlich kross und leicht – die süß-sauren Boskop-Äpfel und der Blätterteig sind eine wunderbare Kombination! Den Teig legte Oma über die Ränder der Kuchenform. Diesen Rand brachen wir Kinder dann zum Naschen ab und verunstalteten dadurch den Kuchen – das gab immer Ärger!

Ergibt 1 Apfelkuchen

Für den Teig

440 g Mehl, plus etwas mehr zum Bestäuben
2 Prisen Salz
4 EL Sonnenblumenöl
200 g Butterschmalz

Für die Füllung

4 Äpfel (Sorte Boskop)
1 TL Zimt
5 EL Zucker
Saft von 1 Zitrone
100 g Rosinen

Puderzucker zum Servieren (nach Belieben)

Außerdem

Tarteform (28 cm Ø)
feiner Küchenhobel

Mehl, Salz und Öl in einer Schüssel vermengen und zu einem glatten Teig verarbeiten. Abdecken und 20 Minuten ruhen lassen. In der Zwischenzeit Butterschmalz in einem kleinen Topf zerlassen.

Eine Arbeitsfläche mit Mehl bestäuben, den Teig darauf zu einem großen Rechteck ausrollen und dünn mit Butterschmalz bestreichen. Die untere Hälfte des Teigs über die obere klappen und nochmals Butterschmalz auftragen. So noch zwei weitere Male verfahren.

Nach dem vierten Faltvorgang den Teig wieder großflächig ausrollen und alle Schritte zweimal wiederholen.

Nach dem dritten Faltvorgang den Teig halbieren und zu zwei großen Teigkreisen (30 cm Ø) ausrollen. Die Kreise übereinander in die eingefettete Tarteform legen und kühl stellen.

Für die Füllung die Äpfel schälen, vierteln und das Kerngehäuse entfernen. Mit dem Küchenhobel in eine Schüssel reiben und die restlichen Zutaten zugeben. Vermengen und 10 Minuten ziehen lassen.

Den Backofen auf 200 °C (Ober-/Unterhitze) vorheizen.

Den oberen Teigkreis aus der Tarteform nehmen und beiseitelegen. Die marinierten Äpfel gleichmäßig auf dem Teig verteilen. Den zweiten Teigkreis darauflegen und an den Rändern etwas festdrücken. Mit einem Messer die Ränder im Abstand von 1 cm einschneiden.

Im Ofen 40 Minuten goldbraun backen, abkühlen lassen und nach Belieben mit Puderzucker bestreuen.

Linzer Torte

Bei der Linzer Torte gab es immer Ärger am Familientisch, weil sich mein Vater ohne Rücksicht auf Verluste die größten Stücke in atemberaubender Geschwindigkeit in den Mund schob. Manchmal schlich er sich schon vor dem Nachmittagskaffee in die Küche, schnitt sich ein riesiges Stück ab und steckte es sich auf einmal in den Mund. Mit vollen Backen lief er dann durchs Haus. Sobald Oma das mitbekam, schimpfte sie ihm hinterher, ob er sich denn nicht wenigstens einen Teller nehmen könne, wenn er schon nicht warten kann. Die Torte ist einfach zu gut!

Für 1 Torte

300 g Mehl, plus etwas mehr zum Bestäuben
1 Prise Salz
1 TL Backpulver
100 g gemahlene Walnusskerne
120 g Zucker
½ TL Zimtpulver
1 Prise gemahlene Gewürznelken
1 Prise gemahlener Kardamom
2 Bio-Eier
170 g kalte Butter, plus etwas mehr zum Einfetten
250 g Himbeer- oder Johannisbeerkonfitüre
1 EL Milch
Puderzucker zum Garnieren (nach Belieben)
Schlagsahne zum Servieren (nach Belieben)

Außerdem

Springform (26 cm Ø)

Für den Mürbeteig Mehl, Salz und Backpulver in einer großen Schüssel mischen. Walnüsse, Zucker und Gewürze zugeben. 1 Ei trennen und das Eigelb beiseitestellen. Die Butter in Stücke schneiden und mit dem restlichen Ei und dem Eiweiß zu der Mehlmischung geben und alles zu einem glatten Teig verkneten. 30 Minuten kalt stellen.

Den Backofen auf 180 °C (Umluft) vorheizen.

Den Teig in zwei Hälften teilen und beide auf einer leicht bemehlten Arbeitsfläche zu Kreisen mit 28 cm Ø ausrollen. Einen Kreis in 2 cm breite Streifen schneiden, den anderen in die Springform legen und einen 2 cm hohen Rand hochziehen.

Die Konfitüre glatt rühren und auf dem Teigboden verstreichen, dabei außen einen 1 cm breiten Rand frei lassen. Die Teigstreifen gitterförmig auf die Konfitüre legen. Das beiseitegestellte Eigelb mit 1 EL Milch verquirlen und die Teigstreifen damit bestreichen.

Im Ofen 25 Minuten backen, anschließend erkalten lassen. Vorsichtig aus der Form lösen und nach Belieben mit Puderzucker bestreuen. Mit Schlagsahne servieren.

Karls Scheibenkuchen

Mein Sohn Karl liebt diesen Kuchen, weshalb ich ihn nach ihm benannt habe. Er ist so einfach, dass er ihn ganz alleine backt. Ein Rezept der neuen Generation der Siebenbürger Sachsen sozusagen!

Für 1 Kuchen

Für den Teig
3 Bio-Eigelbe
100 g Butter
80 g Zucker
125 ml Milch
250 g Mehl

Für die Baiserhaube
3 Bio-Eiweiß
50 g Zucker
Abrieb von 1 Bio-Zitrone
Puderzucker zum Garnieren

Außerdem
Springform (26 cm Ø)

Den Ofen auf 200 °C (Ober-/Unterhitze) vorheizen und die Springform einfetten.

Eigelbe mit Butter und Zucker schaumig schlagen. Milch und Mehl hinzufügen, verrühren und in die Springform füllen. 15 Minuten backen.

Eiweiß mit Zucker und Zitronenabrieb zu einem festen Schnee schlagen.

Den Eischnee auf dem noch heißen Kuchen verstreichen und im Ofen backen, bis er anbräunt und fest wird. Herausnehmen, abkühlen lassen und mit Puderzucker bestreuen.

Omas Herbstgericht

Palukes mit Milch

Rezept S. 168

Siebenbürger Herbst

Nach den letzten Erntetagen im Spätsommer begann das Verwerten der Erträge. Oma kochte, legte Obst und Gemüse ein und pökelte Schweinefleisch zur Haltbarmachung. Auch die Siebenbürger Sachsen feierten dann schließlich das Erntedankfest, welches neben den klassischen christlichen Feiertagen eines der wichtigsten Feste für die Gemeinde war. Hier zeigte sich die Wertschätzung für die in mühsamer Arbeit selbst angebauten Erzeugnisse des Jahres. Am Erntedankfest wurden traditionelle Bändertänze aufgeführt, bei denen etwa ein Dutzend Frauen und Männer rote bzw. blaue lange Stoffbänder in der Hand hielten (die Wappenfarben der Siebenbürger Sachsen), die an einem großen Baumstamm befestigt waren. Zusammen tanzte man dann um den Stamm, wodurch sich die Bänder zu einem Muster verflochten. Das ganze Dorf war zugegen, tanzte, sang, aß die von den Frauen zubereiteten Speisen und trank den Most der eigenen Weintrauben, bevor die kalte Jahreszeit Einzug hielt. Sobald es draußen ungemütlicher wurde, überprüften die Männer den Zustand der Arbeitsgeräte, die nach dem langen Sommer oft verschlissen waren und über den Herbst und Winter repariert werden mussten. Man zog sich in die warme Stube zurück, ging Handarbeiten nach und ließ das Jahr langsam ausklingen.

Oma Edith

Die Vorfahren meiner Familie siedelten schon seit Jahrhunderten in den Karpaten, lange Zeit in Brenndorf (Bod) und ab 1820 in Weidenbach (Ghimbav), nahe Kronstadt (Brașov). 1922 wurde meine Oma Edith dort als einziges Mädchen neben vier Brüdern geboren. Sie erzählte uns immer von einer glücklichen Kindheit und Jugend, in der sie die Gemüsebeete des familieneigenen Gartens bestellte, sich um die Hoftiere kümmerte und schon früh begann, ihrer Mutter Helene im Haushalt unter die Arme zu greifen. Ihre Eltern hatten eine Schlosserei und hielten, wie damals in den meisten Familien üblich, auch ein paar Hühner und Schweine.
Ab 1939 jedoch brachen dunkle Zeiten heran: Der Zweite Weltkrieg holte auch Siebenbürgen ein und dann starb auch noch Uroma Helene an einem Schlaganfall. Es dauerte nicht mehr lange, und Rumänien fiel unter sowjetische Herrschaft. Rumäniendeutsche, darunter zählten auch die Siebenbürger Sachsen, wurden nun in allen Bereichen diskriminiert: Sie hatten keine Rechte mehr und mussten fast ihren gesamten Besitz an den sowjetischen Staat abtreten. Zu allem Übel wurde Oma 1945, wie so viele andere, in ein sowjetisches Arbeitslager verschleppt und hatte dort schlimme vier Jahre – davon erzählte sie nicht gerne. Hier lernte sie den Vater ihrer Kinder kennen, einen Ungarn, der sie aber nach der Zeit im Lager wieder verließ. Meine Mutter ist sogar in Russland geboren. Oma blieb bis zu ihrem Tod allein. Nach ihrer Rückkehr nach Weidenbach kümmerte sie sich um ihre beiden Kinder, meine Mutter und meinen Onkel.

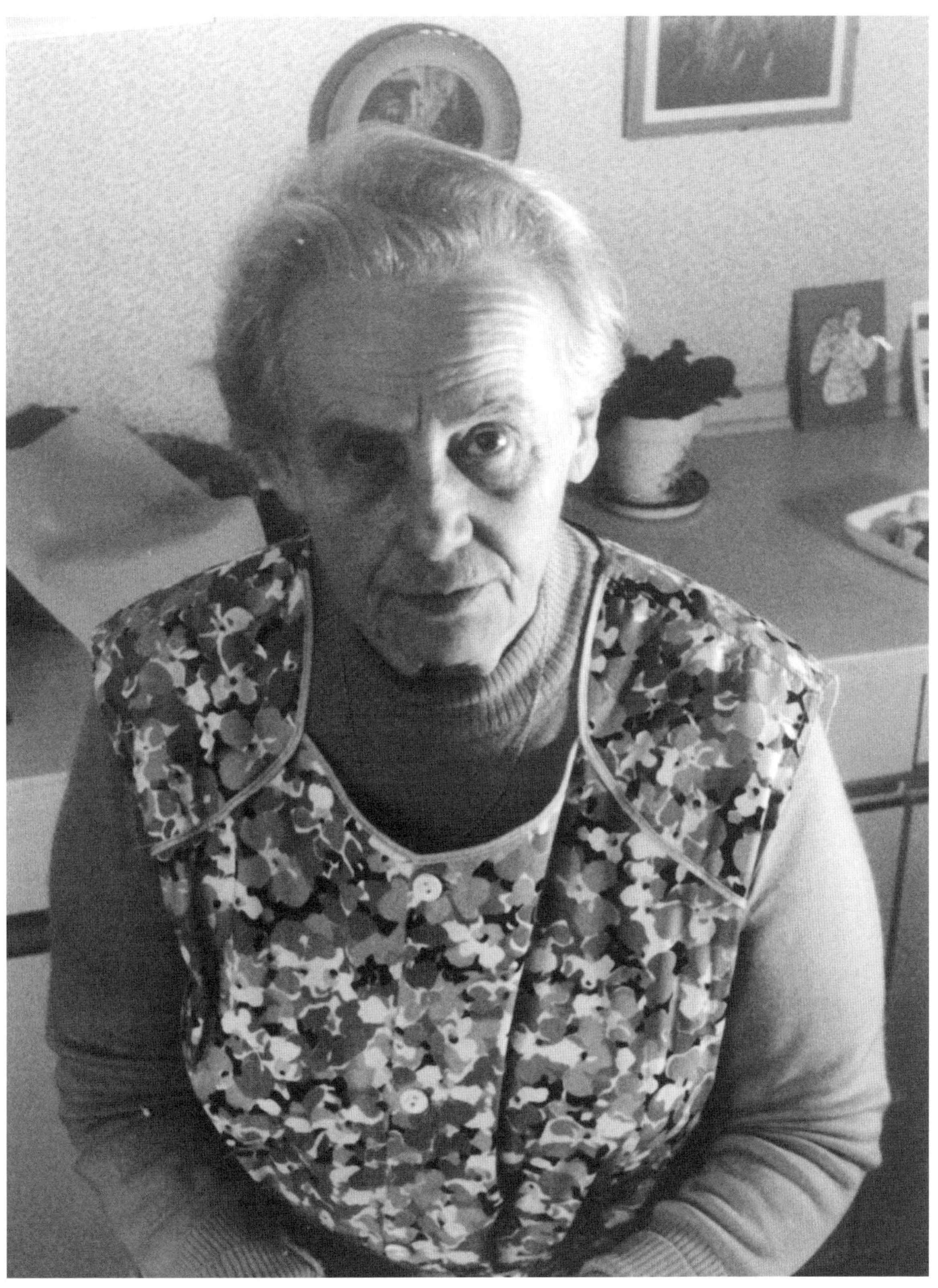

Geschmorter Essig-Kürbis

Nicht jeder Kürbis eignet sich für dieses Schmorgericht. Das Fruchtfleisch muss fest sein und die Schale am besten essbar. Den Hokkaido-Kürbis können Sie ungeschält lassen, sollten Sie jedoch einen Butternut-Kürbis nehmen, so müssen Sie ihn zuvor schälen.

Für 4 Personen

2 kleine Hokkaido-Kürbisse
2 Zwiebeln
4 Lorbeerblätter
4 Zweige Thymian
4 geschälte, halbierte Knoblauchzehen
40 ml Himbeeressig
50 ml Sonnenblumenöl
Salz und Pfeffer aus der Mühle
2 Prisen Zucker
½ Bund Schnittlauch
2 Zweige Rosmarin

Außerdem
Bräter

Den Backofen auf 200 °C (Ober-/Unterhitze) vorheizen.

Die Kürbisse halbieren, die Kerne entfernen und das Fruchtfleisch vierteln. Die Zwiebeln schälen und vierteln und mit den restlichen Zutaten bis auf den Zucker und Schnittlauch in einen Bräter geben.

Die Kürbisspalten mit der Schnittfläche nach unten auf die Zwiebel-Kräuter-Mischung setzen. Deckel auflegen und 15 Minuten im Backofen schmoren lassen.

Den Deckel abnehmen und die Kürbisviertel mit dem Zucker bestreuen. Den Backofen auf Grillfunktion stellen und alles 5 Minuten ohne Deckel gratinieren.

Die Kürbisviertel mit etwas Essigsud auf Teller verteilen. Den Schnittlauch waschen, in Röllchen schneiden und darüberstreuen. Die Rosmarinzweige zerteilen und die Kürbisse damit krönen.

Kümmelsuppe

Oma und Mama kochten Kümmelsuppe immer dann, wenn wir Kinder im Herbst und Winter eine Erkältung oder einen Magen-Darm-Infekt bekamen. Damals hatten wir im Wohnzimmer einen Schallplattenschrank stehen. Davor bauten wir uns dann ein Krankenlager mit Matratzen und unserem Bettzeug und hörten uns Omas Schallplatten an. Sie servierte uns dann die Suppe immer in unserem Lazarett. Wir mochten die Suppe gar nicht, aber sie wirkte Wunder. Heute esse ich sie gerne mit ein paar Brocken Bauernbrot.

Für 4 Personen

100 g Butter
2 EL Mehl
1 EL Kümmelsamen, plus mehr zum Garnieren
2 Zwiebeln
1 Knoblauchzehe
Salz und Pfeffer aus der Mühle
4 Scheiben Bauernbrot zum Servieren

Die Butter in einem Suppentopf bei mittlerer Hitze schmelzen und das Mehl darüberstreuen. Unter Rühren goldbraun anschwitzen, dann mit 1,5 l Wasser ablöschen. Mit einem Schneebesen gut verrühren, damit sich keine Klumpen bilden.

Die Kümmelsamen hinzugeben und die Suppe 20 Minuten köcheln lassen.

Zwiebeln und Knoblauch schälen und in Scheiben schneiden. In den Topf geben und mit Salz und Pfeffer abschmecken. Die Suppe 30 Minuten auf niedriger Stufe ziehen lassen, damit sie ihren Geschmack voll entfaltet.

Die Suppe auf 4 Teller verteilen, mit Kümmelsamen bestreuen und Bauernbrot dazureichen.

Rainers Tipp:

Würfeln Sie das Bauernbrot und rösten Sie es mit 5 EL Olivenöl in einer Pfanne zu knusprigen Croûtons. Nach Belieben salzen und als Suppeneinlage verwenden.

NUDELN

Strudelsuppe

Eine klassische Festtagssuppe – der Aufwand für die kleinen Strudel (eine Art Ravioli mit Röstzwiebelfüllung) ist nicht ohne. Manchmal machte sie Oma aber auch am Wochenende. Wenn es dann aus unserer Kellerküche nach Zwiebeln roch, wussten wir, dass es am Sonntag Strudelsuppe geben würde. Sie ist die Lieblingssuppe meines Zwillingsbruders Frank. Er naschte mit seinen Fingern gerne die knusprigen Röstzwiebeln und brachte meine Oma damit zur Weißglut. Mit Hingabe faltete sie auf dem großen Küchentisch die Strudel und schnitt sie zurecht – jeder ein kleines Kunstwerk.

Für 4 Personen

1 l Hühner- oder Rinderbrühe (siehe Rezept S. 26)
220 g Weizenmehl, plus mehr zum Bestreuen
1 Prise Salz
2 EL Sonnenblumenöl, plus mehr zum Bestreichen
5 Zwiebeln
100 ml Rapsöl
gehackte Kräuter (nach Belieben)

Außerdem
Frischhaltefolie
2 Küchentücher
Nudelholz

Die Brühe in einem Topf erhitzen.

Mehl mit Salz, 125 ml Wasser und Sonnenblumenöl zu einem glatten Teig verarbeiten. Mit etwas Öl bestreichen und in Frischhaltefolie gewickelt bei Zimmertemperatur 20 Minuten ruhen lassen.

Die Zwiebeln schälen, halbieren und fein würfeln.

In einem Topf das Rapsöl bei mittlerer Temperatur erhitzen. Die Zwiebelwürfel im heißen Öl goldbraun frittieren. Mit einer Schöpfkelle herausheben und zum Abtropfen auf ein sauberes Küchentuch legen.

Das andere Küchentuch auf der Arbeitsfläche platzieren und großzügig mit Mehl bestreuen. Den Teig darauflegen und mit einem Nudelholz sehr dünn (1–2 mm) ausrollen. Die frittierten Zwiebeln gleichmäßig darauf verteilen.

Den Teig einrollen und abwechselnd diagonal (in einem Zickzackmuster) kleine, etwa 3 cm große Dreiecke aus der Teigrolle abstechen. Beiseitelegen und 10 Minuten antrocknen lassen.

Die Strudel-Dreiecke in die vorbereitete Brühe geben und 5 Minuten darin ziehen lassen. Nach Belieben mit klein gehackten Kräutern servieren.

Polenta-Auflauf

Dieses Gericht hat rumänische Wurzeln: Der Maisbrei (Mămăligă) ist ein typisches Gericht aus dem Balkan. Wir nennen ihn Palukes (siehe auch Rezept S. 168) und kombinieren ihn hier mit Salzkäse. Ein einfaches, schnelles und schmackhaftes Gericht aus der Vorratskammer.

Für 4 Personen

500 g Maisgrieß
100 g Butter, plus etwas mehr zum Einfetten
3 Tomaten
200 g Salzkäse oder Feta
Salz und Pfeffer aus der Mühle

Außerdem
Schneebesen
Auflaufform (35 cm x 25 cm)

Salzwasser in einem Topf zum Kochen bringen. Unter Rühren den Maisgrieß einrieseln lassen und die Hitze reduzieren. Die Polenta unter ständigem Rühren quellen lassen und nach 10 Minuten die Butter einrühren.

Die Tomaten waschen, den Blütenansatz entfernen und in Scheiben schneiden. Den Salzkäse ebenso in Scheiben schneiden.

Den Backofen auf 200 °C (Ober-/Unterhitze) vorheizen.

Die Auflaufform mit etwas Butter einfetten und die Zutaten wie folgt einschichten: Ein Drittel der Polenta hineingeben und mit der Hälfte der Tomaten belegen. Ein paar Scheiben Salzkäse darauf verteilen. Mit einer weiteren Polentaschicht bestreichen und mit den restlichen Tomatenscheiben und einigen Stücken Käse belegen. Mit einer Polentaschicht abschließen und den restlichen Käse darauf verteilen.

30 Minuten in den Backofen geben. Sobald die Polenta und der Käse goldgelb sind, ist der Auflauf fertig.

Rainers Tipp:

Die Tomaten können beliebig durch anderes Gemüse ersetzt werden. Wichtig ist nur, dass es saftig ist und viel Wasser abgibt. Statt Salzkäse können Sie auch die gleiche Menge geriebenen Bergkäse verwenden.

Französische Kartoffeln mit Rahmkarotten

Für 4 Personen als Beilage

Für die Französischen Kartoffeln
500 g Kartoffeln
1 Lorbeerblatt
3 Wacholderbeeren
3 Bio-Eier
200 g Butter
1 Knoblauchzehe
Salz und Pfeffer aus der Mühle

Für die Rahmkarotten
400 g Karotten
50 g Butter
1 Knoblauchzehe
1 TL Honig
100 g Sahne
1 TL Mehl (bei Bedarf)

Außerdem
Auflaufform
Küchenreibe

Sobald Oma die ersten Karotten aus dem Garten erntete, gab es Rahmkarotten mit Kartoffeln. Und stand meine Oma Karotten schälend und raspelnd in der Küche, wussten wir, dass es mit größter Wahrscheinlichkeit Schnitzel zum Mittagessen gab, denn dazu aßen wir immer diese beiden Beilagen. Ab dann konnten wir Kinder es kaum erwarten, bis es zwölf Uhr schlug.

Den Backofen auf 220 °C (Ober-/Unterhitze) vorheizen.

Einen großen Topf mit Salzwasser füllen. Die Kartoffeln gründlich waschen und zusammen mit dem Lorbeerblatt und den Wacholderbeeren im Salzwasser weich kochen.

Abgießen und mit kaltem Wasser abschrecken. Die Kartoffeln pellen und in einer Schüssel vollständig auskühlen lassen.

Die Eier hart kochen, pellen und in Scheiben schneiden. Die Butter in einem kleinen Topf schmelzen.

Die Auflaufform mit einer halbierten Knoblauchzehe einreiben. Ein Drittel der Kartoffeln in einer 2 cm dicken Schicht in die Auflaufform reiben. Geschnittene Eier gleichmäßig darauf verteilen und mit Salz und Pfeffer abschmecken. Auf diese Weise weitere Schichten einfüllen und mit Kartoffeln abschließen.

Den Auflauf mit der geschmolzenen Butter begießen und 20 Minuten goldbraun backen.

Für das Rahmgemüse die Karotten schälen und mit der Küchenreibe fein raspeln.

Die Knoblauchzehe schälen und fein hacken. Mit der Butter in einem Topf sautieren und kurz aufschäumen lassen.

Die Karotten und den Honig hineingeben und 5 Minuten bei geschlossenem Deckel dünsten.

Die Sahne dazugeben und kurz einkochen lassen, bis eine sämige Sauce entsteht. Bei Bedarf mit 1 TL Mehl binden.

Mit Salz und Pfeffer abschmecken und zusammen mit den gebackenen Kartoffeln servieren.

Rainers Tipp:

Dieses Gericht serviere ich gerne als Beilage zu meinem knusprigen Schnitzel (siehe Rezept S. 56).

Krautflecken mit Schmand

Dieses Gericht ist ein einfacher Klassiker aus Omas Küche. Das einzig Aufwendige ist die Zubereitung des Teigs und das Formen der Flecken. Vor einiger Zeit durfte ich dieses Rezept in der ARD-Sendung »Kaffee oder Tee« zubereiten, und es kam wunderbar an.

Für 4 Personen

200 g Hartweizengrieß, plus etwas mehr zum Bestreuen
1 Bio-Ei
1 TL Salz
1 Spitzkohl (ca. 800 g)
50 ml Rapsöl
1 Zwiebel
1 Bund Petersilie
½ Bund Dill
250 g Schmand
1 Bio-Eigelb
Salz und Pfeffer aus der Mühle
1 Knoblauchzehe

Außerdem
Nudelholz

Den Hartweizengrieß in einer Schüssel mit Ei, Salz und 125 ml Wasser zu einem geschmeidigen Teig verarbeiten. 30 Minuten quellen lassen.

Den Kohl halbieren und den Strunk entfernen. Die Blätter waschen und in 1 ½ cm breite Streifen schneiden. In eine Schüssel geben, leicht salzen und mit der Hand leicht kneten.

Das Rapsöl in einem kleinen Topf bei mittlerer Temperatur erhitzen. Die Zwiebel schälen, in feine Ringe schneiden und 5 Minuten im heißen Öl goldbraun frittieren. Herausnehmen und auf Küchenpapier abtropfen.

Petersilie und Dill waschen und grob hacken.

Schmand und Eigelb vermengen und mit Salz und Pfeffer abschmecken. Die Knoblauchzehe schälen, zerdrücken und salzen. Unter den Schmand heben.

Den Teig auf eine mit Hartweizengrieß bestreute Arbeitsfläche geben und nochmals mit Grieß bestreuen. Mit einem Nudelholz zu einem 3 mm dünnen Rechteck ausrollen. Mit einem Messer von beiden Seiten mehrmals diagonal durchschneiden, sodass 2 cm große Rauten (Flecken) entstehen.

Einen großen Topf mit Salzwasser zum Kochen bringen. Die Flecken hineingeben und 2–3 Minuten kochen. Herausnehmen und mit kaltem Wasser abschrecken.

Die Flecken zusammen mit dem Kraut in einer großen Pfanne ohne Öl erhitzen. Den Eierschmand einrühren, bis er etwas stockt. Dann die Röstzwiebeln, Dill und Petersilie darüberstreuen. Nochmals mit Salz und Pfeffer abschmecken und servieren.

Paprikagulasch mit Reis

Ein Klassiker, den Oma und Mama das ganze Jahr über gekocht haben, da die Zutaten hierfür nicht unbedingt saisonal gebunden waren.

Für 4 Personen

5 Zwiebeln
2 Knoblauchzehen
1 kg Schweinefleisch vom Hals
2 EL Sonnenblumenöl
2 TL Paprikapulver
240 g Langkornreis
2 rote Spitzpaprikaschoten
1 Karotte
½ Knollensellerie
1 EL Mehl
Salz und Pfeffer aus der Mühle
1 Bund glatte Petersilie

Außerdem
Schmortopf

Zwiebeln und Knoblauch schälen und würfeln. Das Fleisch in 3 cm große Würfel schneiden.

Sonnenblumenöl in einem Schmortopf bei mittlerer Temperatur erhitzen und das Fleisch zusammen mit den Zwiebeln und dem Knoblauch anbraten. Das Paprikapulver dazugeben und leicht anrösten. Mit 2 l Wasser ablöschen und bei mittlerer Hitze mit geschlossenem Deckel 1 Stunde schmoren.

Den Reis mit der doppelten Menge Wasser in einem großen Topf Salzwasser zum Kochen bringen. 10 Minuten köcheln lassen, dann die Herdplatte ausschalten und den Reis quellen lassen.

Die roten Paprikaschoten waschen, putzen und würfeln. Karotte und Sellerie schälen und in kleine Würfel schneiden. Das Gemüse 30 Minuten vor dem Ende der Garzeit in den Schmortopf geben und garen.

Das Mehl in etwas Wasser auflösen, zum Fleisch geben und die Sauce dicklich einkochen. Mit Salz und Pfeffer abschmecken.

Die Petersilie waschen, die Blätter von den Stängeln zupfen und hacken. Das Gulasch damit bestreuen und zum Reis servieren.

Ungarischer Kartoffeleintopf

Für 4 Personen

Für die Gemüsebrühe
2 EL Rapsöl
½ Knollensellerie
4 mittelgroße Karotten
2 Stangen Lauch
1 Knoblauchzehe
2 Zwiebeln
1 Lorbeerblatt
3 Wacholderbeeren
1 TL Pfefferkörner
1 TL Salz
1 TL Paprikapulver

Für die Suppeneinlage
4 festkochende Kartoffeln
1 Zwiebel
2 rote Paprikaschoten
1 Stange Staudensellerie
1 EL Rapsöl
4 geräucherte Paprikawürste
250 g Bauchspeck (am Stück)
1 Bund Liebstöckel
einige Scheiben Bauernbrot zum Servieren

Außerdem
2 Suppentöpfe
großes Küchensieb

Dieses Rezept hat meine Mutter von einer ungarischen Arbeitskollegin. Der Eintopf wärmte uns an kalten Spätherbsttagen, wenn wir vom Spielen und Toben durchgefroren nach Hause kamen. Dort roch es dann schon nach Speck und der würzigen Paprikawurst. Meine Mutter – was typisch für die Siebenbürger Sachsen ist – verfeinerte das Gericht mit Liebstöckel, der ihm eine ganz eigene geschmackliche Note gab. Nach ein paar Tagen schmeckt der Eintopf fast noch besser.

Für die Brühe das Öl in einem großen Suppentopf bei mittlerer Temperatur erhitzen. Knollensellerie und Karotten schälen. Den Lauch putzen und waschen und die Stangen quer halbieren. Mit Sellerie- und Karottenschalen im heißen Öl andünsten.

Knoblauchzehe und Zwiebeln schälen, halbieren und mit den Gewürzen dazugeben. 1 Minute anrösten, mit 3 l Wasser aufgießen und bei mittlerer Temperatur 1 Stunde mit geschlossenem Deckel kochen lassen.

In der Zwischenzeit für die Suppeneinlage die Kartoffeln schälen, waschen und zusammen mit den Karotten und dem Knollensellerie in mundgerechte Würfel schneiden. 5 Minuten in Salzwasser blanchieren, abgießen und mit kaltem Wasser abschrecken.

Rezeptfoto siehe S. 154

Die Zwiebel schälen, Paprikaschoten und Staudensellerie waschen und putzen. Alles würfeln und beiseitestellen.

Das Rapsöl in einem zweiten Topf bei mittlerer Temperatur erhitzen und die ganzen Würste und den Bauchspeck 2 Minuten darin anbraten. Die Gemüsebrühe durch ein Sieb dazugeben und 10 Minuten kochen.

Das blanchierte Wurzelgemüse zusammen mit dem rohen gewürfelten Gemüse in die Suppe geben und 5 Minuten bei mittlerer Temperatur köcheln lassen. Kurz vor dem Servieren den Liebstöckel waschen, die Blätter von den Stängeln zupfen, grob hacken und zur Suppe geben.

Zusammen mit Bauernbrot servieren.

Rainers Tipp:

Der Eintopf wird mit verschiedenen Gemüseeinlagen gekocht, die unterschiedliche Garzeiten benötigen. Deshalb blanchiert man das Wurzelgemüse zuvor und gibt das andere Gemüse kurz vor dem Servieren roh dazu. So ist alles auf den Punkt gegart. Die dicken Paprikawürste und der Bauchspeck verleihen dem Eintopf das gewisse Etwas.

Speckknödel mit Pfifferlingen

Für 4 Personen

Für die Speckknödel
600 g altbackenes Weißbrot
500 ml Milch
2 EL Sonnenblumenöl
2 Zwiebeln
150 g gewürfelter Speck
Salz und Pfeffer aus der Mühle
1 Bund gehackte Petersilie
4 Bio-Eier
100 g Butterschmalz

Für die Pfifferlinge
1 kg Pfifferlinge
120 g Butter
1 Knoblauchzehe
1 Bund Schnittlauch

Dieses Gericht gab es immer bei unserer Verwandtschaft aus Wilflingen, wenn mein Vater mit uns Jungs dort Angelurlaub machte. Wir hatten nach einem ausgiebigen Angeltag natürlich mächtig Hunger und die deftigen Speckknödel mit den würzigen Pfifferlingen waren da genau das Richtige.

Für die Speckknödel das Brot in 2 cm große Würfel schneiden und in eine Schüssel geben. Die Milch erhitzen und über das Brot gießen. 10 Minuten ziehen lassen.

Das Öl in einer Pfanne erhitzen, die Zwiebeln schälen, fein würfeln und zusammen mit dem Speck 2 Minuten anbraten. Mit Salz und Pfeffer abschmecken und beiseitestellen.

Die Petersilie waschen, die Blätter von den Stängeln zupfen und untermengen.

Eier und die Zwiebel-Speck-Mischung unter das eingeweichte Brot mengen und 5 Minuten ziehen lassen.

Salzwasser in einem großen Topf zum Kochen bringen.

Aus der Brotmasse mit den Händen 6 Knödel formen und in das kochende Wasser legen. Temperatur reduzieren und die Knödel 20 Minuten abgedeckt ziehen lassen.

Rezeptfoto siehe S. 155

In der Zwischenzeit das Butterschmalz in einem Topf zerlassen und den Ofen auf 80 °C (Warmhaltestufe) vorheizen.

Die Knödel mit einer Schaumkelle herausheben, in eine Schüssel geben und mit flüssigem Butterschmalz übergießen. Im Ofen warm halten.

Die Pfifferlinge mit einem Pinsel oder Küchentuch reinigen. Große Pilze halbieren oder vierteln. Die Butter in einer großen Pfanne bei hoher Temperatur erhitzen.

Die Knoblauchzehe schälen, hineingeben und 2 Minuten sautieren. Die Pilze hinzufügen und 5 Minuten scharf anbraten.

Die Pfanne dabei gelegentlich schwenken. Den Schnittlauch waschen, in Röllchen schneiden und unter die Pfifferlinge mengen, den Knoblauch entfernen und alles abschmecken.

Semmelknödel aus dem Backofen nehmen und mit den Pfifferlingen servieren.

Schweinebauch mit Serviettenknödeln

Ein klassisches Sonntagsessen. Die Kruste des Schweinebauchs war für uns Kinder immer das Allerbeste. Die Erwachsenen hatten am Ende gar nicht mehr so viel davon übrig, weil wir Jungs sie zuvor geknuspert hatten.

Für 4 Personen

Für den Schweinebauch
2 kg Schweinebauch mit Schwarte
2 Karotten
1 Stange Lauch
2 Stangen Staudensellerie
1 Zwiebel
1 Knoblauchzehe
1 Lorbeerblatt
2 Wacholderbeeren
1 TL Kümmelsamen
Salz und Pfeffer aus der Mühle

Für die Semmelknödel
600 g altbackenes Weißbrot
500 ml Milch
2 Zwiebeln
2 EL Sonnenblumenöl
1 Bund Petersilie
4 Bio-Eier
50 g gehobelte Mandelkerne

Außerdem
Bräter
3 feuchte Stoffservietten (50 cm x 50 cm)

Den Backofen auf 200 °C (Ober-/Unterhitze) vorheizen.

Die Schwarte des Schweinebauchs mit einem scharfen Messer rautenförmig einschneiden.

Das Gemüse waschen, putzen, ungeschält klein schneiden und in den Bräter geben. Das Fleisch auf das Gemüse legen und mit den Gewürzen bestreuen. Mit 2 l Wasser auffüllen und zugedeckt 1 Stunde 30 Minuten im Backofen schmoren.

Anschließend den Ofen auf die Grillfunktion einstellen, den Deckel abnehmen und weitere 20 Minuten knusprig rösten.

Das Fleisch aus dem Bräter nehmen, in Scheiben schneiden und warm halten.

Salzwasser in einem großen Topf zum Sieden bringen.

Für die Semmelknödel das Brot in Würfel schneiden und in eine Schüssel geben. Die Milch erhitzen und darübergießen. 10 Minuten einweichen lassen.

Inzwischen die Zwiebeln schälen und fein hacken. Das Öl in einer Pfanne erhitzen und die Zwiebeln darin weich dünsten. Mit Salz und Pfeffer abschmecken und die Pfanne zum Abkühlen beiseitestellen.

Die Petersilie waschen, die Blätter von den Stängeln zupfen, fein hacken und unter die Zwiebeln mengen. Zusammen mit den Eiern und den gehobelten Mandeln zum eingeweichten Brot geben und vermischen.

Die Knödelmasse zu gleichen Teilen auf die Stoffservietten verteilen, fest einrollen und zubinden. Die drei Rollen in das Salzwasser legen und 20 Minuten ziehen lassen. Herausnehmen, aus den Servietten wickeln und in Scheiben schneiden.

Zu den Schweinebauchscheiben servieren.

Klausenburger Kraut

Ein Klassiker der siebenbürgisch-sächsischen Küche und benannt nach der Stadt Klausenburg (Cluj-Napoca) im Nordwesten Rumäniens. Meine Mutter servierte meist noch »Goich« (Sauerkrautsaft) dazu – für uns Kinder war das allerdings des Guten zu viel! Sobald das im Frühjahr eingelegte Kraut vergoren war, kamen die Krautgerichte Anfang November auf den Tisch. Wochenlang roch es in unserer Küche dann nach Kraut.

Für 4 Personen

Für den Krautauflauf
2 EL Sonnenblumenöl
1 Zwiebel
1 Knoblauchzehe
500 g Hackfleisch
Salz und Pfeffer aus der Mühle
1 kg Sauerkraut
1 TL Kümmelsamen

Für die Röstzwiebeln
500 ml Sonnenblumenöl
4 Zwiebeln

Außerdem
Auflaufform

Den Backofen auf 180 °C (Ober-/Unterhitze) vorheizen.

Für den Krautauflauf das Sonnenblumenöl auf hohe Temperatur erhitzen. Zwiebel und Knoblauch schälen, fein hacken und zusammen mit dem Hackfleisch darin scharf anbraten. Mit Salz und Pfeffer würzen. Sauerkraut und Kümmelsamen hinzufügen, vermengen und den Topf von der Herdplatte nehmen.

Die Hackfleischmischung in die Auflaufform füllen und 20 Minuten im Ofen knusprig und goldbraun backen.

Für die Röstzwiebeln das Sonnenblumenöl in einer hohen Pfanne bei mittlerer bis hoher Temperatur erhitzen. Die Zwiebeln schälen, fein würfeln und im heißen Fett goldgelb frittieren. Auf Küchenpapier abtropfen lassen, auf den Krautauflauf streuen und sofort servieren.

Nach Belieben Sauerrahm dazureichen.

Omas Apfelstrudel

Für 6 Personen

Für den Teig

220 g Weizenmehl, plus mehr zum Bestreuen

1 Prise Salz

2 EL Sonnenblumenöl, plus etwas mehr zum Bestreichen

Für die Füllung

4 EL Rosinen

3 EL Rum

Saft von 1 Bio-Zitrone

5 Boskop-Äpfel oder eine andere süß-säuerliche Sorte

2 EL Butterschmalz

1 EL gehobelte Mandelkerne

1 TL Zimtpulver

2 TL Zucker

Puderzucker zum Bestreuen

Vanillesauce (siehe Rezept S. 110, plus 2–3 Eigelbe)

Außerdem

Nudelholz

Wenn Oma mit meiner Mutter zusammen den Strudelteig auf unserem großen Holztisch in der Küche auszog, war das immer ein Spektakel. Die Siebenbürger Sachsen wetteifern in allen Dingen, die sie zusammen machen, und so auch beim Strudel. Jeder versuchte, den Teig so dünn und so groß wie möglich auszuziehen, ohne dass er riss. Diejenige, die dann den schönsten Strudel machte, erntete stillschweigenden Respekt – das war Lob genug.

Das Mehl mit Salz, Sonnenblumenöl und 125 ml lauwarmem Wasser zu einem glatten Teig verarbeiten. Den Teig mit etwas Öl bestreichen und in Frischhaltefolie gewickelt bei Zimmertemperatur 20 Minuten ruhen lassen.

Die Rosinen in einer Schüssel mit dem Rum übergießen und 15 Minuten ziehen lassen.

Währenddessen eine Schüssel mit 500 ml Wasser füllen und den Zitronensaft hineingeben.

Die Äpfel schälen, vierteln und das Kerngehäuse entfernen. In feine Scheiben schneiden oder hobeln. Die Apfelscheiben ins Zitronenwasser geben und beiseitestellen.

Das Butterschmalz in einem kleinen Topf bei geringer Hitze zerlassen.

Ein sauberes Küchentuch auf der Arbeitsfläche ausbreiten und großzügig mit Mehl bestreuen. Den Teig darauflegen und mit einem Nudelholz 1 cm dick ausrollen.

Anschließend mit beiden Händen den Strudelteig vorsichtig auseinanderziehen, bis er dünn und fast transparent ist. Dann mit der Hälfte des Butterschmalzes bestreichen.

Den Backofen auf 220 °C (Ober-/Unterhitze) vorheizen.

Die gehobelten Mandeln in einer Pfanne ohne Öl goldbraun rösten. Die Apfelscheiben abgießen und gut abtropfen lassen. Auf dem unteren Rand des Teigs verteilen. Mit Zimtpulver, Zucker, gerösteten Mandeln und den abgetropften Rumrosinen bestreuen.

Mithilfe des Küchentuchs nun die Füllung einrollen. Dazu das Tuch mit beiden Händen anheben und den Teig fest und gleichmäßig zu einem Strang aufrollen.

Die Enden an der linken und rechten Seite nach innen stülpen. Den Strudel mithilfe des Küchentuchs vorsichtig auf ein eingefettetes Backblech legen und mit dem restlichen Butterschmalz bestreichen.

Den Strudel 30 Minuten im Ofen backen. Wenn er eine goldbraune Kruste hat und nach Karamell duftet, ist er fertig.

Herausnehmen und noch heiß in Scheiben schneiden; so bleibt der Teig kross. Mit Puderzucker bestreuen und servieren. Wer möchte, kann den Strudel auch mit Vanillesauce essen.

Rainers Tipp:

Für eine cremige Vanillesauce rühren Sie in die heiße, nicht kochende Vogelmilch von S. 110 noch 2–3 zusätzliche Eigelbe ein.

Rezeptfoto siehe nächste Seite

Klettiten mit Früchtekompott

Klettiten sind die sächsische Antwort auf französische Crêpes und die österreichische Palatschinke und sind dünner als deutsche Pfannkuchen. In Tartlau bei Kronstadt gibt es einmal im Jahr sogar ein Klettiten-Festival mit zahlreichen Varianten der sächsischen Pfannkuchen. Wenn es ein Gericht gab, bei dem Gier, Hast und Konkurrenzdenken am familiären Esstisch vorherrschten, dann waren es die Klettiten. Es gab jedes Mal unter uns Brüdern ein Wettessen, wer am meisten schaffte – was natürlich weit über unseren Hunger hinausging. Meine Mutter schaute jedes Mal fassungslos zu und schüttelte den Kopf.

Für 4 Personen; ergibt ungefähr 24 Klettiten

6 Bio-Eier
2 TL Zucker
1 Prise Salz
150 g Weizenmehl
1 l Milch
1 EL Butterschmalz, plus etwas mehr zum Ausbacken
Kompott (siehe Rezepte Seite 114)
Puderzucker zum Garnieren

Außerdem
Handrührgerät
Küchenpinsel
Schöpfkelle (mit ca. 80 ml Fassungsvermögen)

Den Backofen auf 80 °C (Ober-/Unterhitze oder Warmhaltestufe) vorheizen.

In einer großen Schüssel Eier, Zucker und Salz mit dem Handrührgerät schaumig schlagen. Das Mehl dazusieben und alles zu einem glatten Teig verarbeiten.

Milch und zerlassenes Butterschmalz zum Schluss hinzufügen, damit keine Klümpchen entstehen. Den Teig 5 Minuten quellen lassen und anschließend nochmals durchrühren.

Mit einem Küchenpinsel etwas Butterschmalz in einer großen Pfanne dünn verstreichen und erhitzen. Eine Schöpfkelle voll Teig hineingeben und mit kreisenden Bewegungen hauchdünn in der Pfanne verteilen. Wenn der Rand der Klettite goldbraun ist, wenden. Den gesamten Vorgang so oft wiederholen, bis der Teig aufgebraucht ist.

Die fertigen Klettiten auf einem Teller im vorgewärmten Backofen warm halten. Mit Kompott oder Puderzucker warm servieren.

Rainers Tipp:

Der Teig für die Klettiten sollte schön flüssig sein, damit er schnell und dünn in der heißen Pfanne verteilt werden kann.

Apfel im Schlafrock mit Aprikosenkompott

Während unserer Kindheit wohnten wir in der Nähe eines Bauernhofs mit einer großen Streuobstwiese. Zur Apfelzeit kletterten mein Bruder und ich jeden Tag mit einer Leiter auf die Bäume und klauten uns ein paar Äpfel. Nachdem wir selbst ein paar Bissen genascht hatten, brachten wir die restlichen zu unserer Oma, die sie oft zu diesem Gericht verarbeitete.

Für 4 Personen

Saft von 1 Zitrone
2 Äpfel einer säuerlichen Sorte, z. B. Boskop)
200 g Mehl
2 Bio-Eier
500 ml Milch
50 g Zucker
500 ml Rapsöl
3 EL Puderzucker
1 TL Zimtpulver
Aprikosenkompott (siehe Rezept S. 114)

Außerdem
Apfelentkerner

In einer großen Schüssel 500 ml Wasser mit Zitronensaft mischen.

Die Äpfel schälen und das Kerngehäuse mit einem Apfelentkerner entfernen.

Die ausgehöhlten Äpfel in ½ cm dünne Scheiben schneiden, sodass das Loch in der Mitte liegt, und in das Zitronenwasser legen.

Mehl, Eier, Milch und Zucker zu einem glatten Teig verrühren. 5 Minuten quellen lassen und nochmals vermengen.

Das Rapsöl in einer großen Pfanne bei hoher Temperatur (120 °C) erhitzen. Die Apfelscheiben gut abtropfen lassen, mit einer Gabel durch den Teig ziehen und in das heiße Öl legen.

Goldbraun ausbacken und nach einigen Minuten wenden. Auf einem Küchentuch abtropfen lassen.

Puderzucker und Zimtpulver vermengen und die Äpfel damit bestäuben. Noch warm mit Aprikosenkompott servieren.

Palukes mit Milch

In Rumänien ist unser Palukes, ein cremiger Maisbrei, als Mămăligă bekannt. Er gehört auch in anderen Teilen des Balkans und im Kaukasus zur regionalen Küche. Wir aßen Palukes immer zum Abendbrot und mein Vater gab noch kalte Milch über den Brei. Er war derjenige, der den Palukes besser hinbekam als Mama und Oma … Ihnen war der Maisbrei vermutlich zu banal. Für mich jedenfalls gab es, wenn die Abende dunkler und kälter wurden, kein schöneres Abendbrot als heißen Palukes mit kalter Milch.

Für 4 Personen

200 g grobes Maismehl
1 TL Salz
2 EL Butter
1 l kalte Milch

2 l Wasser in einem Topf zum Kochen bringen. Unter ständigem Rühren das Maismehl einstreuen.

Salz hinzugeben und die Hitze auf niedrige Stufe reduzieren. 20 Minuten köcheln lassen und dabei ab und zu umrühren, damit der Palukes nicht anbrennt.

Zum Schluss die Butter einrühren und den warmen Maisgrieß mit kalter Milch übergossen servieren.

Grießflammeri

An Wochenenden im Herbst gab es den Grießflammeri nach dem Abendbrot. Meine Oma servierte ihn mit im Sommer eingelegten Kirschen. Ihre Hände waren durch das Entsteinen fast den ganzen Sommer hindurch rotblau gefärbt. Sie klagte dann immer über ihre zerschundenen Hände und nahm sich jedes Jahr aufs Neue vor, keine Kirschen mehr einzulegen. Wir Kinder aber freuten uns: Frisch gebadet und zufrieden durften wir dann unsere duftenden, süßen Schälchen vor dem Fernseher auslöffeln.

Für 4 Personen

1 l Milch
100 g Zucker
Mark von 1 Vanilleschote
1 Prise Salz
250 g Weichweizengrieß
4 Bio-Eigelbe

Außerdem
4 feuerfeste Förmchen (10 cm Ø)

Den Backofen auf 200 °C (Ober-/Unterhitze) vorheizen.

Die Milch in einem Topf erhitzen und 50 g Zucker darin auflösen. Vanillemark und Salz dazugeben. Sobald der Zucker vollständig aufgelöst ist, den Weichweizengrieß unter ständigem Rühren einrieseln lassen. 10 Minuten kochen, bis der Grieß vollständig gequollen ist.

Die Eigelbe mit dem restlichen Zucker schaumig rühren und unter die Grießmasse heben.

In feuerfeste Förmchen füllen und 15 Minuten im Backofen gratinieren. Die Kruste sollte goldbraun sein.

Mit Puderzucker bestreuen und servieren.

Dobos-Torte

Die Zubereitung dieser traditionellen ungarischen Torte, benannt nach ihrem Erfinder József Dobos, hat meine Mutter immer meiner Oma überlassen, da sie sehr aufwendig in der Herstellung ist (10 dünne Kuchenböden werden nacheinander gebacken!) – dafür schmeckt sie umso besser.

Für 1 Torte

Für den Biskuitteig
6 Bio-Eier
240 g Zucker
1 Prise Salz
180 g Mehl
4 TL Backpulver

Für die Butter-Kakao-Creme
250 g Butter
150 g Zucker
50 g Kakaopulver

Für die Dekoration
300 g gehackte Walnusskerne

Für die Karamellcreme
150 g Zucker
2 EL Butter

Außerdem
Springform (28 Ø cm)
Winkelpalette

Den Ofen auf 180 °C (Ober-/Unterhitze) vorheizen.

Eier, Zucker und Salz sehr schaumig schlagen. Mehl und Backpulver mischen und nach und nach unter den Eierschaum heben.

Eine Suppenkelle Biskuitmasse in die eingefettete Springform geben und 8 Minuten hell durchbacken.

Den Boden aus der Springform lösen und so noch weitere 9 dünne Böden (jeweils 1 cm hoch) backen. Insgesamt werden 10 dünne Kuchenböden benötigt.

Für die Butter-Kakao-Creme Butter und Zucker schaumig schlagen und das Kakaopulver nach und nach einrühren. Mit einer Winkelpalette drei Viertel der Creme gleichmäßig auf den gebackenen Böden verstreichen und diese aufeinanderlegen. Den Rest an den Seiten der Torte verstreichen und diese mit den gehackten Walnüssen bestreuen.

Für die Karamellcreme den Zucker mit 2 EL Wasser in einem kleinen Topf schmelzen und karamellisieren. Sobald die Masse goldbraun ist, die Butter zugeben und gut verrühren.

Die noch warme Karamellcreme auf die Torte geben und zügig und gleichmäßig verstreichen.

Pfeffer-Wacholder-Brot

Zwar war die Küche nicht das Territorium meines Vaters und er durfte nur bei wenigen Gerichten mithelfen, so backte er doch fantastisches Brot. Wenn es frisch aus dem Ofen kam und man es noch warm mit Butter bestrich, konnte man so ohne weiteres einen ganzen Laib aufessen – und musste das mit Bauchschmerzen büßen.

Für 1 kg Brot

Für den Sauerteig
100 g Weizenmehl, plus 50 g zum Nachbereiten

Für den Brotteig
1 kg Weizenmehl
2 EL Salz
1 TL zerstoßene Pfefferkörner
½ TL Wacholderbeeren

Außerdem
Einmachglas mit 500 ml Fassungsvermögen
Mörser mit Stößel

Für das Ansetzen des Sauerteigs 100 g Mehl mit 100 ml Wasser vermengen und in einem luftdichten Behälter an einem warmen Ort 24 Stunden gehen lassen.

Danach 50 g Mehl und 50 ml Wasser in das Gefäß geben, verrühren und weitere 24 Stunden fest verschlossen reifen lassen. Sobald der Teig säuerlich riecht, ist er fertig.

Für den Brotteig das Mehl mit 2 EL Salz und 200 ml Wasser mischen und den Sauerteig dazugeben. Gut verkneten und 30 Minuten gehen lassen.

In der Zwischenzeit Pfefferkörner und Wacholderbeeren in einer kleinen Pfanne 5 Minuten rösten und anschließend in einem Mörser grob zerstoßen.

Die Gewürze unter den Teig mengen und nochmals 30 Minuten gehen lassen, bis er sich verdoppelt hat.

Den Ofen auf 220 °C (Ober-/Unterhitze) vorheizen.

Den Teig auf ein mit Backpapier ausgelegtes Blech geben, zur Kugel formen und 40 Minuten backen. Dann mit etwas Wasser bestreichen und nochmals 10 Minuten knusprig backen.

Rainers Tipp:
Der Sauerteig muss 2 Tage vor dem Backen angesetzt werden – planen Sie also entsprechend Zeit ein!

Rezeptfoto siehe S. 176

Kräuterbrot

Sobald mein Vater dieses Brot in den Ofen gab, roch das ganze Haus nach Thymian. Ich liebte den ätherischen Duft der Kräuter und konnte es kaum abwarten, das dampfend heiße Brot aufzuschneiden.

Für 1 kg Brot

1 Portion Sauerteig mit Dinkelmehl (siehe Rezept links)
1 kg Dinkelmehl
Salz
1 Bund Thymian
1 Bund Petersilie

Für die Zubereitung des Sauerteigs vorgehen wie auf Seite 174 beschrieben und das Weizenmehl durch Dinkelmehl ersetzen.

Für den Brotteig das Dinkelmehl mit Salz und 200 ml Wasser vermengen. Den Sauerteig hinzufügen und alles gut miteinander verkneten. 30 Minuten gehen lassen.

In der Zwischenzeit die Kräuter waschen, die Blätter abzupfen und fein hacken. In den Teig einarbeiten und nochmals 30 Minuten gehen lassen.

Den Backofen auf 220 °C (Ober-/Unterhitze) vorheizen.

Den Teig in eine längliche Form ziehen und auf ein mit Backpapier belegtes Backblech legen. 40 Minuten backen. Dann mit etwas Wasser bestreichen und weitere 10 Minuten knusprig backen.

Rezeptfoto siehe S. 177

Omas Wintergericht

Szegediner Gulasch

Rezept S. 202

Siebenbürger

Winter

Im Winter wurden die das Jahr über stark beanspruchten Gerätschaften, falls nötig, wieder instand gesetzt und das Saatgut für das Frühjahr vorbereitet. An Weihnachten blieb jede Großfamilie im Dorf unter sich und wir genossen die besinnlichen gemeinsamen Stunden. An Neujahr schlachteten wir traditionell ein Schwein und verarbeiteten es zu Sülze, Blutwurst, Schinken und anderen Fleischspezialitäten. Das gemeinsame Schlachten, so ungewohnt es uns heute vorkommen mag, war immer eine gesellige Tätigkeit, auf die ich mich das ganze Jahr über freute. Insgesamt aber wurde es ruhig im Winter, man sammelte Kräfte für das bevorstehende Frühjahr, in dem die Arbeit von vorne begann. Das Essen wurde auch schwerer und gehaltvoller als im Sommer, um die oft bitterkalten Wintermonate gut zu überstehen. Wir Kinder backten mit Oma in ihrer Leonberger Küche tonnenweise Plätzchen und bekamen regelmäßig Bauchweh vom Naschen.

Flucht aus Rumänien und neues Leben in Deutschland

Als die Repressionen durch die kommunistische Regierung nach dem Zweiten Weltkrieg immer stärker wurden, hielt Oma es nicht mehr in Weidenbach aus: Sie floh 1971 mit meinem Onkel und meiner Mutter, die zu diesem Zeitpunkt mit meinem Bruder schwanger war, nach Deutschland. Ihr Hab und Gut wurde teilweise unter der in Weidenbach verbleibenden Verwandtschaft aufgeteilt, der Rest ging an den sowjetischen Staat. Das war der Preis, den sie für ihre Freiheit und die ihrer Kinder zahlen musste, um in Deutschland neu anzufangen. Dort baute sie sich ein neues Leben in Leonberg bei Stuttgart auf und zog ihre Enkelkinder mit groß. Sie lebte in einer kleinen Zwei-Zimmer-Wohnung in einem Wohnblock, die nicht gerade geräumig war: Das Wohnzimmer diente uns Kindern zugleich als Spiel-, Ess- und Schlafzimmer. Ich erlebte mit meinen Brüdern Bernd und Frank dort die schönsten Wochenenden. Wenn wir nicht draußen spielten, war Omas Wohnzimmer-Couch Spielwiese, Versteck, Hüpfburg und Ruhezone zugleich.

Lud Oma die Familie zu einem Sonntagsessen ein, platzte die Wohnung aus allen Nähten. Trotzdem schaffte es mein Onkel Klaus jedes Mal, vor dem Essen ein Mittagsschläfchen auf dem Sofa abzuhalten. Er ließ sich dabei weder von uns noch von den Frauen stören, die um ihn herumsprangen und den Tisch deckten. Erst als die Sonntagssuppe aufgetragen wurde, bewegte er seine müden Knochen Richtung Esstisch. Letztendlich verlebte meine Oma in Deutschland sehr glückliche Jahre, denn das Wichtigste, das sie aus Siebenbürgen mitgenommen hatte, war ihre Familie – die stand bei ihr schon immer an erster Stelle.

Grießknödelsuppe

Damit kein Streit entbrannte, wurde sorgsam darauf geachtet, dass jeder von uns gleich viele Grießknödel bekam. So ist es auch heute noch, wenn ich sie für meinen Sohn koche. Wie schon bei Oma und Mama bestimmt die Tagesform das Gelingen der Grießknödel. An vielen Tagen gehen sie einem von der Hand und an manchen werden sie einfach nicht locker – darüber konnte man sich grün ärgern. Oma sprach in solchen Fällen immer von »Wetzsteinen«, weil sie so hart wurden. Ich allerdings war froh darüber, denn die festeren schmeckten mir ohnehin besser.

Für 4 Personen

1 l Hühner- oder Rinderbrühe (siehe Rezept S. 26)
2 Bio-Eier
200 g Weichweizengrieß
1 Prise Salz
1 Bund Schnittlauch zum Garnieren

In einem Topf die Brühe bei mittlerer Temperatur erhitzen.

Für die Grießknödelmasse die Eier in einer Schüssel schaumig aufschlagen. Unter ständigem Rühren den Weichweizengrieß einstreuen und das Salz zugeben.

Für 5–10 Minuten zum Quellen beiseitestellen, damit der Grieß die Flüssigkeit aufnehmen und die Masse fester werden kann.

Währenddessen in einem mittelgroßen Topf Salzwasser zum Sieden bringen. Zwei Teelöffel in das heiße Wasser tauchen und damit aus der fester gewordenen Grießmasse Nocken formen. Diese in das Salzwasser gleiten lassen. Die Löffel zwischendurch immer wieder in das Wasser tauchen, so lassen sich die Nocken leichter formen.

Sobald sich die Größe der Grießknödel verdoppelt hat, diese mit einer Schaumkelle in die heiße Brühe geben. In tiefen Tellern servieren. Den Schnittlauch waschen, in Röllchen schneiden und über die Suppen streuen.

Rainers Tipp:

Bei Grießknödeln ist es sehr wichtig, dass der Weichweizengrieß genügend Zeit und Flüssigkeit zum Quellen bekommt. Sie können zur Abwechslung auch Samen, Nüsse oder Kräuter nach Ihrem Geschmack in die Knödelmasse einarbeiten. Lassen Sie die Brühe nicht kochen, da sonst Stärke austritt und die Suppe trüb wird.

Zwiebelsuppe

Einfach und nahrhaft: Omas Zwiebelsuppe war durch die Zugabe von Sahne sehr sättigend und wärmend, was man bei den kalten Temperaturen in Siebenbürgen gut gebrauchen konnte. Die knusprigen Röstzwiebeln geben der Suppe ein wunderbares Aroma – unbedingt ausprobieren!

Für 4 Personen

5 Zwiebeln
120 g Butter
1 EL Mehl
1 l heiße Rinderbrühe (siehe Rezept S. 26)
1 Lorbeerblatt
2 Wacholderbeeren
Salz und Pfeffer aus der Mühle
200 ml Sonnenblumenöl
200 g Sahne
4 Scheiben Bauernbrot zum Servieren

Die Zwiebeln schälen und in feine Ringe schneiden.

Die Butter in einem Suppentopf bei mittlerer Temperatur zerlassen, das Mehl einstreuen und zu einer Mehlschwitze verrühren. Nach und nach und unter ständigem Rühren mit Brühe ablöschen. Drei Viertel der geschnittenen Zwiebeln und die Gewürze zur Suppe geben. Zum Kochen bringen.

Das Sonnenblumenöl in einer tiefen Pfanne erhitzen und die restlichen Zwiebeln darin frittieren. Auf einem Küchentuch abtropfen lassen.

Sobald die Zwiebeln in der Suppe weich gekocht sind, die Sahne einrühren und abschmecken.

Die Suppe mit Röstzwiebeln und 1 Scheibe Bauernbrot servieren.

Rapunzelsalat mit gerösteten Kartoffeln

Rapunzelsalat oder auch Feldsalat ist die Salatkönigin des Winters. Wenn sonst nichts Grünes mehr wuchs, konnte man sich immer auf Omas selbst angebauten Rapunzelsalat mit gerösteten Kartoffeln verlassen. Ein einfaches und schnelles Mittagessen.

Für 4 Personen

Für die Kartoffeln
7 mittelgroße festkochende Kartoffeln
50 g Butter
Salz und Pfeffer aus der Mühle

Für den Rapunzelsalat
600 g Feldsalat
1 rote Zwiebel
200 g Bauchspeck
1 EL Honig
1 EL mittelscharfer Senf

Außerdem
Stabmixer

Den Ofen auf 80 °C (Warmhaltestufe) vorheizen.

Die Kartoffeln ungeschält bissfest kochen. Etwas abkühlen lassen, pellen und 1 Kartoffel für das Dressing beiseitelegen. Die anderen in mundgerechte Stücke schneiden.

Die Butter würfeln und unter die warmen Kartoffeln mengen. Mit Salz und Pfeffer abschmecken und zum Warmhalten in einer hitzebeständigen Schale in den Ofen geben.

Den Feldsalat gründlich putzen, waschen und trocken schleudern. In eine große Schüssel geben.

Die Zwiebel schälen und ebenso wie den Speck fein würfeln. Zusammen kurz in einer heißen Pfanne ohne Öl sautieren.

Honig, Senf und die restliche gekochte Kartoffel mit dem Stabmixer zu einem cremigen Dressing pürieren und mit Salz und Pfeffer abschmecken.

Die Speck-Zwiebel-Mischung zum Feldsalat geben und das Dressing unterrühren. Zusammen mit den Kartoffeln servieren.

Blumenkohl mit Apfel-Rahmsauce

Gibt man einem Kind Blumenkohl und dazu noch eine Sauce, die nach Apfel schmeckt, wird es das Gericht mit Sicherheit verschmähen. Wir Jungs wollten dieses Gericht nie essen, aber Oma drohte dann immer damit, das Dessert ausfallen zu lassen, wenn wir es nicht wenigstens probieren würden. Heute jedoch esse ich dieses Gericht sehr gerne, da es schnell geht und schön cremig ist.

Für 4 Personen

100 g Butterschmalz
1 großer Kopf Blumenkohl
50 g Semmelbrösel
Salz und Pfeffer aus der Mühle
100 g Butter
1 EL Mehl
400 ml Milch
2 Äpfel (Sorte Boskop)

Außerdem
Auflaufform
Stabmixer
Küchenreibe

Den Backofen auf 70 °C (Warmhaltestufe) vorheizen.

Das Butterschmalz in einem kleinen Topf zerlassen. Salzwasser in einem Topf zum Kochen bringen.

Den Blumenkohl von den äußeren Blättern befreien und gründlich waschen. Mit einem kleinen Haushaltsmesser die Röschen vom Strunk lösen und 8 Minuten im Salzwasser blanchieren. Mit eiskaltem Wasser abschrecken, abtropfen lassen und in eine Auflaufform geben. Mit zwei Drittel des geschmolzenen Butterschmalzes übergießen.

Die Semmelbrösel mit dem restlichen Butterschmalz in einer Pfanne goldbraun anrösten und etwas salzen. Die Hälfte über dem Blumenkohl verteilen und im Backofen warm halten.

Die Butter in einem kleinen Topf mit etwas Salz schmelzen. Das Mehl einstreuen und verquirlen. Die Mehlschwitze 2 Minuten unter ständigem Rühren anrösten, dann mit der Milch aufgießen und gut verrühren. Temperatur reduzieren.

Die Äpfel schälen, halbieren und das Kerngehäuse entfernen. Mit der Küchenreibe fein hobeln, in die Sauce geben und 5 Minuten köcheln lassen. Mit dem Stabmixer fein pürieren und mit Salz und Pfeffer abschmecken.

Die Auflaufform aus dem Backofen nehmen und die Apfel-Rahmsauce über den Blumenkohl gießen. Mit den restlichen Böseln bestreut servieren.

Blumenkohlauflauf mit Hackfleisch

Zwar waren wir Kinder keine großen Blumenkohl-Fans, doch er ist und war nun einmal ein Wintergewächs und gedieh prächtig in Omas Garten – in Siebenbürgen (und auch in Österreich) wurde er übrigens traditionell »Karfiol« genannt. Heute schmeckt mir dieser würzige Auflauf mit Hackfleisch und Bergkäse umso besser – ich weiß gar nicht, wie wir Kinder das übersehen konnten!

Für 4 Personen

1 Zwiebel
1 ½ Knoblauchzehen
2 EL Rapsöl
500 g Hackfleisch
1 Lorbeerblatt
Salz und Pfeffer aus der Mühle
2 EL Butter
1 EL Mehl
1 l kalte Milch
1 Prise geriebene Muskatnuss
1 großer Kopf Blumenkohl
200 g würziger Bergkäse

Außerdem
Auflaufform
Küchenreibe

Den Backofen auf 220 °C (Ober-/Unterhitze) vorheizen.

Zwiebel und 1 Zehe Knoblauch schälen, fein hacken und in einem großen Topf im Rapsöl 2–3 Minuten dünsten. Hackfleisch und Gewürze dazugeben und das Fleisch gut durchbraten.

Die Butter in einem kleinen Topf bei mittlerer Temperatur schmelzen, das Mehl hinzugeben und zu einer Mehlschwitze vermengen. Die kalte Milch einrühren und bei geringer Hitze unter Rühren andicken lassen.

Mit Muskat, Salz und Pfeffer abschmecken, zum Hackfleisch geben und gut vermengen.

Den Blumenkohl waschen, putzen und in Röschen zerteilen. In kochendem Salzwasser 5 Minuten blanchieren und abgießen.

Die Auflaufform mit der übrigen halben Knoblauchzehe ausreiben. Den Blumenkohl hineingeben und die Hackfleischsauce darüber verteilen.

Den Bergkäse reiben und darüberstreuen. Im Ofen 15 Minuten backen, bis der Käse goldbraun ist.

Kartoffelpuffer mit Endiviensalat

Kartoffeln gab es das ganze Jahr über und die schönste Darreichungsform ist in gerösteter oder gebratener: Diese knusprigen Kartoffelpuffer liebten wir Jungs. Oma sparte da auch nicht mit dem Öl, Fett ist nun einmal ein Geschmacksträger. Wenn Sie möchten, reduzieren Sie die Menge nach Ihrem Belieben.

Für 4 Personen

Für die Kartoffelpuffer
600 g festkochende Kartoffeln
1 Zwiebel
1 Bund Petersilie
200 g gewürfelter Bauchspeck
Salz und Pfeffer aus der Mühle
100 ml Rapsöl

Für den Endiviensalat
1 Kopf Endiviensalat
1 TL Honig
1 TL Senf
3 EL Branntweinessig
3 EL Rapsöl

Außerdem
Küchenreibe

Den Backofen auf 80 °C (Warmhaltestufe) vorheizen.

Die Kartoffeln schälen und mit einer Küchenreibe in eine Schale mit kaltem Wasser raspeln. 2 Minuten ziehen lassen, abgießen und gut abtropfen lassen.

Die Zwiebel schälen und hacken. Die Petersilie waschen, die Blätter von den Stängeln zupfen und ebenfalls hacken. Beides mit dem gewürfelten Bauchspeck unter die Kartoffelraspel mengen. Mit Salz und Pfeffer abschmecken.

In einer Pfanne das Öl bei hoher Temperatur erhitzen (130 °C). Die Kartoffelpuffermasse mit den Händen zur gewünschten Größe portionieren und 1 cm dick in der Pfanne auslegen. Die Puffer langsam goldbraun von beiden Seiten ausbacken und im Backofen warm halten.

Den Endiviensalat putzen, in feine Streifen schneiden und im lauwarmen Wasserbad waschen. Gut abtropfen lassen und in eine Schüssel geben. Für das Dressing Honig, Senf, Branntweinessig und Rapsöl gründlich verquirlen und mit dem Salat vermengen.

Zu den knusprigen Kartoffelpuffern servieren.

Krautwickel (Sarmale)

Für 4 Personen

1 Kopf Weißkohl (ca. 2 kg)
1 TL Salz
½ Knoblauchzehe
1 kleine Zwiebel
500 g gemischtes Hackfleisch
100 g Rundkornreis
Salz und Pfeffer aus der Mühle
1 TL Butterschmalz
2 TL Kümmelsamen
2 Lorbeerblätter
1 TL Mehl
200 g Sauerrahm oder Schmand (nach Belieben)

Außerdem
Küchenhobel
Schmortopf

Die »weiße« Variante der rumänischen Sarmale: Oma verwendete hierfür Sauerrahm oder Schmand, während die rumänischen Kohlrouladen mit Tomatensauce zubereitet werden. Ein Klassiker der osteuropäischen Küche, den man auch in vielen Varianten in der deutschen Küche findet.

Den Weißkohl waschen. In einem großen Topf Salzwasser zum Kochen bringen.

Die äußeren 8–10 großen Blätter des Weißkohls abtrennen. Den Strunk herausschneiden. Die Blätter in das Salzwasser legen und 10 Minuten blanchieren. In kaltem Salzwasser abschrecken und in einem Küchentuch trocknen.

Den verbliebenen Weißkohl mit einem Küchenhobel in eine Schüssel raspeln, das Salz darübergeben und gut durchkneten. 20 Minuten ziehen lassen und beiseitestellen.

Für die Füllung den Knoblauch und die Zwiebel schälen, fein hacken und mit Hackfleisch und Reis zu einer weichen Masse kneten. 50 ml lauwarmes Wasser einarbeiten und mit Salz und Pfeffer abschmecken. Die fertige Masse 5 Minuten ziehen lassen und gegebenenfalls nachwürzen.

Die vorbereiteten Krautblätter auf einer Arbeitsplatte auslegen. Jeweils 2 EL der Hackfleischmasse auf das breitere Ende eines jeden Krautblattes legen und dieses bis zur Hälfte einrollen. Dann die beiden Enden nach innen klappen und den Krautwickel fertig einrollen.

Mit den restlichen Krautblättern ebenso fortfahren, bis die Hackfleischmasse aufgebraucht ist.

Für die Sauce das Butterschmalz im Schmortopf bei mittlerer Temperatur zerlassen. Eine 2 cm dicke Schicht des gesalzenen Krauts in den Schmortopf geben. Danach eine Schicht Krautwickel einlegen und mit Kümmelsamen, jeweils 1 Lorbeerblatt und Salz und Pfeffer würzen. Abwechselnd Kraut, Wickel und Gewürze in den Topf schichten.

Die letzte Schicht mit Kraut abschließen und mit 3 l Wasser aufgießen. Das Mehl auf die letzte Schicht streuen und den Krautauflauf bei mittlerer Hitze 2 Stunden 30 Minuten schmoren lassen.

Nach Belieben mit einem Klecks Sauerrahm servieren.

Rezeptfoto siehe nächste Seite

Fleckenfleisch mit Palukes

Dieses Gericht gab es zu Hause fast nie, denn es war der jährlichen Zusammenkunft der Siebenbürger Sachsen aus Weidenbach, dem »Fleckenessen«, vorenthalten. Das Fest fand im bayerischen Wiflingen bei Erding statt, wo ein Teil unserer Familie lebt. Dort kümmerten sich die Männer um das Essen: Sie brieten die Schweinehälse sehr knusprig und schnitten sie dann auf Holzbrettern mit scharfen Messern in kleine Fleischstückchen – die sogenannten Flecken. Zu diesen servierten sie dann Palukes, einen Maisbrei, der das Fett neutralisieren sollte. Zur Sicherheit genehmigten sich danach alle noch mehrere Schnäpse, um dem Fett endgültig den Garaus zumachen. Dieses Gericht lebt von der Gemeinschaft und von geselligen Abenden.

Für 4 Personen

2 kg Schweinehals
1 Zwiebel
3 Knoblauchzehen
2 Wacholderbeeren
2 Lorbeerblätter
Salz und Pfeffer aus der Mühle
500 g grobes Maismehl

Außerdem
Schmortopf
Aluminiumfolie

Den Ofen auf 220 °C (Ober-/Unterhitze) vorheizen.

Für das Fleckenfleisch den Schweinehals waschen und trocken tupfen. Zwiebel mit Schale vierteln und die Knoblauchzehen ebenfalls mit Schale halbieren. Zusammen mit Wacholderbeeren und Lorbeerblättern in den Schmortopf geben und 500 ml Wasser aufgießen. Großzügig salzen und pfeffern.

Das Fleisch hineinlegen, mit Aluminiumfolie bedecken und für 2 Stunden in den Ofen geben. Die Folie nach 1 Stunde 30 Minuten entfernen. So wird das Fleisch außen knusprig und innen zart.

Währenddessen für den Palukes in einem mittelgroßen Topf 2 l Salzwasser zum Kochen bringen. Das Maismehl unter ständigem Rühren einrieseln lassen. Die Temperatur reduzieren und die Masse leicht köcheln lassen.

Sobald der Brei zu quellen beginnt, nochmals mit einem Holzlöffel umrühren. Wenn er zu fest ist, noch etwas Wasser zugießen. 10 Minuten weiterkochen lassen, bis der Palukes weich und sämig ist.

Das Fleisch aus dem Ofen nehmen und 5 Minuten ruhen lassen. Anschließend mit einem scharfen Messer feine Streifen, die Flecken, abschneiden. Mit Salz und Pfeffer würzen und mit dem Palukes auf Tellern verteilen.

Die Bratensauce aus dem Schmortopf kann über den Maisgrieß gegeben werden, so wird er noch saftiger.

Szegediner Gulasch

Den ungarischen Klassiker bereitete auch Oma oft zu und machte dazu selbst Sauerkraut ein. In ihrem hellblauen, ärmellosen Küchenkleid, das vorne zugeknöpft war, knetete sie das gehobelte Kraut mit Salz in einem großen Wäschekorb, bevor sie es zum Fermentieren in ein Holzfass gab. Ab Oktober gab es dieses Gericht den ganzen Winter hindurch. Es ließ sich hervorragend vorkochen und für mehrere Tage aufbewahren.

Für 4–6 Personen

2 kg Schweinehals
3 Zwiebeln
1 Knoblauchzehe
1 EL Butterschmalz
2,5 kg Sauerkraut
1 TL Kümmelsamen
2 Lorbeerblätter
1 EL Wacholderbeeren
10 g Schweineschwarte
1 TL edelsüßes Paprikapulver
2 EL Mehl
Schmand zum Servieren
Palukes zum Servieren (siehe Rezept S. 168)
einige Scheiben Bauernbrot zum Servieren

Außerdem
Schmortopf

Den Schweinehals von Sehnen und Fett befreien und in 2 cm große Würfel schneiden. Zwiebeln und Knoblauch schälen und klein schneiden.

Den Schmortopf bei mittlerer Temperatur erhitzen und das Butterschmalz hineingeben. Zwiebeln und Knoblauch hinzufügen und anschwitzen.

Nun mit dem Schichten beginnen: Das Sauerkraut in einer 2 cm dicken Lage hineingeben, sodass der Topfboden bedeckt ist. Anschließend einen Teil der Fleischwürfel gleichmäßig auf dem Kraut verteilen und mit etwas Kümmelsamen, 1 Lorbeerblatt und einigen Wacholderbeeren bestreuen. Die Schweineschwarte dazulegen.

In mehreren Schichten so fortfahren und das restliche Lorbeerblatt und die Wacholderbeeren einstreuen. Mit einer Sauerkrautschicht abschließen und mit Paprikapulver und Mehl bestreuen.

Den Topf nun zu zwei Dritteln mit Wasser füllen und das Gulasch bei geschlossenem Deckel für 2–3 Stunden bei mittlerer Hitze schmoren. Auf Teller verteilen und mit einem Klecks Schmand, Palukes und einer Scheibe Bauernbrot reichen.

Rainers Tipp:

Szegediner Gulasch wird klassisch mit Sauerkraut zubereitet. Sie können auch fertiges kaufen. Zusammen mit dem hohen Fettgehalt des Fleischs wird die Säure im Kraut abgeschwächt. Meist muss auch nicht mehr nachgewürzt werden, probieren Sie es einfach aus. Wenn das Gulasch noch deftiger schmecken soll, die Schweinehalsstücke und die Schwarte vorher scharf anbraten.

Selbstgemachte Bratwurst mit Brotauflauf

Für 4 Personen

Für die Bratwurst
3 Knoblauchzehen
1 kg gemischtes Hackfleisch
Salz und Pfeffer aus der Mühle
1 m küchenfertiger Naturdarm vom Schwein oder Lamm (beim Metzger vorbestellen)

Für den Brotauflauf
4 Zwiebeln
500 ml Sonnenblumenöl
1/2 Laib altbackenes Brot (ca. 400 g)
500 ml Sauerkrautsaft

Für die Kartoffelspalten
4 festkochende Kartoffeln
4 EL Sonnenblumenöl

Außerdem
Küchenmaschine mit Fleischwolfaufsatz oder Fleischwolf mit Wurstaufsatz
2 große Auflaufformen

Jedes Jahr an Silvester kauften sich mein Vater und mein Onkel zusammen ein Schwein, das sie über die Feiertage verarbeiteten und für das gesamte Jahr portionsweise einfroren. Es war jedes Jahr ein großes Fest, zu dem auch die Nachbarn kamen, um zu helfen oder zu beobachten, was die Sachsen da wieder anstellten. Dabei ging es dann auch ab und an feucht-fröhlich zu. Oma widmete sich gerne den weniger beliebten Teilen des Schweins, wie Ohren, Nase und Füßen, und kreierte daraus alles Mögliche, z. B. Sülze. Wir Kinder fanden das nicht gerade appetitlich und halfen unserem Vater lieber bei der Wurstherstellung.

Für die Vorbereitung der Bratwurst die Knoblauchzehen schälen, mit einem großen Messer zu Mus zerdrücken und salzen. Zum Hackfleisch geben und mit 125 ml lauwarmem Wasser zu einem luftigen Brät verkneten. Mit Salz und Pfeffer abschmecken.

Den Backofen auf 220 °C (Ober-/Unterhitze) vorheizen.

Den Naturdarm vollständig auf den Wurstaufsatz des Fleischwolfs ziehen und verknoten.

Das vorbereitete Brät durch den Fleischwolf in den Darm treiben und die Wurst in der gewünschten Länge nach rechts abdrehen. Die nächste Wurst nach links abdrehen und so weiter fortfahren, bis das Brät aufgebraucht ist. Dabei die letzte Wurst am Ende verknoten.

Die Würste in eine Auflaufform geben, etwa zur Hälfte mit Wasser bedecken und 20 Minuten im vorheizten Backofen garen.

Für den Brotauflauf die Zwiebeln schälen und würfeln. Das Sonnenblumenöl in einem kleinen Topf bei mittlerer Temperatur erhitzen und die Zwiebeln darin goldgelb frittieren. Auf Küchenpapier abtropfen lassen.

Das Brot in sehr dünne Scheiben schneiden und abwechselnd mit den Röstzwiebeln in eine Auflaufform schichten. 2 EL Röstzwiebeln beiseitestellen.

Den Sauerkrautsaft in einem Topf erwärmen und über das Brot gießen.

Die Bratwürste aus dem Ofen nehmen und den Brotauflauf für 15 Minuten hineingeben, bis die oberste Brotschicht goldbraun und knusprig ist.

In der Zwischenzeit für die Kartoffelspalten die Kartoffeln schälen und längs achteln. Das Sonnenblumenöl in einer großen, schweren Pfanne bei mittlerer Temperatur erhitzen und die Kartoffelspalten zusammen mit den Würsten 10 Minuten goldbraun braten.

Den Brotauflauf aus dem Ofen nehmen, mit den restlichen Röstzwiebeln bestreuen und zusammen mit den Bratwürsten, knusprigen Kartoffeln und Senf servieren.

Rezeptfoto siehe nächste Seite

Tafelspitz mit Meerrettich-sauce

Für 4 Personen

Für den Tafelspitz
1 Knollensellerie
500 g Karotten
4 Zwiebeln
1 Knoblauchzehe
2 Stangen Lauch
4 EL Sonnenblumenöl
1,5 kg Tafelspitz
Salz und Pfeffer aus der Mühle
1 Wacholderbeere
2 Lorbeerblätter

Für die Meerrettichsauce
100 g Butter
1 EL Mehl
500 ml Milch
20 cm geraspelte Meerrettichwurzel oder weniger (nach Belieben)

Salzkartoffeln zum Servieren (siehe Rezept S. 38)

Außerdem
Stabmixer

Noch heute fühlt es sich wie Ankommen an, wenn ich den Tafelspitz nach unserem Familienrezept esse. Eines meiner Lieblingsgerichte, das zu Hause das ganze Jahr hindurch gekocht wurde. Das Rindfleisch schmeckt am besten, wenn man es einen Tag vorher zubereitet und über Nacht in der Brühe ruhen lässt.

Das Gemüse waschen, gegebenenfalls schälen bzw. putzen und klein schneiden.

2 EL Öl in einer großen Pfanne bei hoher Temperatur erhitzen, den Tafelspitz von allen Seiten darin anbraten und beiseitestellen.

In einem großen Topf das restliche Öl erhitzen und das Gemüse mit den Gewürzen goldgelb rösten.

Das Fleisch zum Gemüse geben und mit kaltem Wasser aufgießen, bis es vollständig bedeckt ist. Bei mittlerer bis hoher Temperatur 3–4 Stunden sieden lassen. Die Herdplatte abstellen und den Tafelspitz mindestens 12 Stunden in der Brühe ruhen lassen.

Herausnehmen, auf einen Teller legen und für 1 Stunde in den Kühlschrank stellen. In dünne Scheiben schneiden, in einen mittelgroßen Topf geben und mit etwas Brühe bedecken. Langsam bei niedriger Temperatur erhitzen.

Für die Meerrettichsauce die Butter in einem Topf zerlassen und mit dem Mehl zu einer Mehlschwitze verarbeiten. 2 Suppenkellen Brühe hinzufügen und verquirlen. Die Milch zugießen und bei mittlerer Hitze dicklich einkochen. Den Meerrettich hineingeben.

Die Temperatur auf niedrige Stufe reduzieren und 5–10 Minuten köcheln lassen. Mit dem Stabmixer pürieren und mit Salz und Pfeffer abschmecken. Zu den erwärmten Tafelspitzscheiben servieren.

Dampfnudeln

Dampfnudeln hat Oma fast nie gemacht, doch unsere bayerische Verwandtschaft machte sie jedes Mal, wenn wir zu Besuch kamen. Wenn Oma dabei war, ließ sie sich von Tante Resi immer wieder erklären, wie sie perfekt gelingen. Trotzdem bekam sie das nie so hin. Jedes Mal kehrte sie mit frischem Dampfnudel-Elan aus Bayern zurück und versuchte wieder ihr Glück. Ihr Fehler war, dass sie ständig den Deckel hob, um zu schauen, ob sie diesmal tatsächlich aufgingen, aber so entweicht der Wasserdampf. Ihr fehlte hier einfach die Geduld.

Ergibt ca. 10 Dampfnudeln

250 ml Milch
2 Bio-Eigelbe
100 g Zucker
1 Prise Salz
1 Würfel frische Hefe
150 g Butter
500 g Weizenmehl, plus etwas mehr zum Bestäuben
100 g Zucker
Vanillesauce zum Servieren (siehe Rezept S. 110, plus 2–3 Eigelbe))
Fruchtkompott zum Servieren (siehe Rezept S. 114)

Außerdem
hochwandige Pfanne mit Glasdeckel

Für den Teig 200 ml Milch erwärmen. Eigelbe, Zucker und Salz mit einem Schneebesen schaumig rühren. Die Hefe in 2 EL lauwarmer Milch auflösen und in die Eimischung einarbeiten. Die Butter in einem kleinen Topf schmelzen.

Das Mehl auf die Arbeitsfläche geben und die Hefemischung, erwärmte Milch und die geschmolzene Butter nach und nach untermischen. Zu einem geschmeidigen Teig verkneten. Bei Zimmertemperatur abgedeckt 30 Minuten gehen lassen.

Den Teig in 10 Stücke teilen. Die Arbeitsfläche mit Mehl bestäuben und jedes Teigstück mit der Handinnenfläche zu einer Kugel formen. Die Dampfnudeln abgedeckt 10 Minuten gehen lassen.

Den Zucker in einer hochwandigen Pfanne bei mittlerer Temperatur leicht karamellisieren lassen und 50 ml Milch dazugeben. Die Hefeteigkugeln so in der Pfanne verteilen, dass sie nicht zu eng nebeneinanderliegen. Bei geschlossenem Deckel 20 Minuten bei mittlerer Hitze dämpfen.

Die Dampfnudeln sind fertig, wenn sie ihr Volumen verdoppelt haben. Mit Vanillesauce oder Kompott servieren.

Hefezopf

Die Zubereitung des Hefezopfs ist eine Wissenschaft für sich. Trotzdem war er ständiger Begleiter von Omas Kaffeekränzchen (mit Kirschlikör!). Die Damen der Runde unterhielten sich gerne darüber, was man am Rezept noch verbessern könnte, damit er lockerer und saftiger würde. Uns Kindern war das relativ egal, solange er keine Rosinen enthielt, die wir konsequent herauspulten – sehr zum Unmut meiner Oma.

Für 1 Hefezopf

100 g Rosinen
5 EL Rum
30 g Mandelsplitter
200 ml Milch, plus etwas mehr für die Hefemischung
150 g Butter
3 Bio-Eigelbe
100 g Zucker
1 Prise Salz
1 Würfel frische Hefe
500 g Weizenmehl Type 405
2 EL Hagelzucker

Außerdem
Schneebesen

Die Rosinen in einer kleinen Schüssel für 15 Minuten im Rum einweichen. Die Mandelsplitter in einer Pfanne goldbraun rösten und beiseitestellen. Milch erwärmen und Butter in einem kleinen Topf schmelzen.

2 Eigelbe, Zucker und Salz mit dem Schneebesen verrühren. Die Hefe mit etwas lauwarmer Milch verrühren und zu den Eiern geben.

Das Mehl auf die Arbeitsfläche geben und Hefemischung, erwärmte Milch und geschmolzene Butter nach und nach untermischen. Zu einem geschmeidigen Teig kneten. Bei Zimmertemperatur abgedeckt 30 Minuten gehen lassen.

Die Rosinen abgießen und in den aufgegangenen Teig einarbeiten. Den Teig dritteln und jedes Stück zu einem 40 cm langen Strang mit einem Durchmesser von 2–3 cm rollen. Die drei Stränge nebeneinanderlegen und an der Oberseite miteinander verbinden.

Zu einem Zopf flechten, das Ende verbinden und auf ein mit Backpapier ausgelegtes Backblech legen. Den Teig weitere 10 Minuten gehen lassen.

Den Backofen auf 220 °C (Ober-/Unterhitze) vorheizen.

Restliches Eigelb und restliche Milch verquirlen und den Zopf damit bestreichen. Den Hagelzucker und die gerösteten Mandelsplitter darüberstreuen und 30 Minuten im Backofen goldbraun backen.

MONKEY
HONEYPENNY

Faschingskrapfen

Meine Eltern liebten den Fasching und luden Freunde dann gerne zu Faschingspartys zu uns nach Hause ein. Die ganze Wohnung war geschmückt, und während wir gemeinsam mit unserer Mutter die Vorbereitungen für den Abend trafen, frittierte meine Oma die Faschingskrapfen in der Küche. Mir schmeckten sie so gut, dass sie eines der ersten Dinge waren, die ich in meiner eigenen Wohnung nachbackte. Für den Hefeteig braucht man etwas Erfahrung, deshalb hielt sich der Erfolg der ersten Versuche in Grenzen. Inzwischen mache ich sie nicht nur in der fünften Jahreszeit, sondern zu jeder Gelegenheit!

Für 20 Krapfen

½ Würfel frische Hefe
150 ml Milch
80 g Butter
1 Bio-Ei
50 g Zucker
1 Prise Salz
500 g Dinkelmehl, plus etwas mehr zum Bestäuben
1 l Rapsöl
Puderzucker zum Garnieren

Außerdem
Nudelholz
hoher Topf
Schaumkelle

Die Hefe in 3 EL kalter Milch auflösen. Die restliche Milch leicht erwärmen und die Butter in einem kleinen Topf schmelzen lassen. Ei, Zucker und Salz in einer Schüssel schaumig schlagen. Die lauwarme Milch und Hefemischung zugeben und zusammen mit dem Mehl zu einem glatten Teig kneten.

Den Hefeteig an einem warmen Ort 30 Minuten gehen lassen.

Den Teig auf einer bemehlten Arbeitsfläche mit einem Nudelholz 1 cm dick ausrollen. Mit einem Messer 4 cm x 5 cm große Rauten aus dem Teig schneiden.

Die Rauten nochmals 10 Minuten zugedeckt gehen lassen. In der Zwischenzeit das Rapsöl in einem hohen Topf auf 160 °C erhitzen.

Die aufgegangenen Rauten im heißen Öl von beiden Seiten ausbacken, bis sie goldbraun sind.

Auf einem Küchentuch abtropfen lassen und mit Puderzucker bestreuen.

Rainers Tipp:

Backen Sie die Krapfen nicht zu heiß aus und dafür lieber etwas länger. So backen sie gleichmäßig durch.

Buchteln

Ein Exportschlager der böhmischen Küche – natürlich kannten sie auch die Siebenbürger Sachsen. Den Vorgang des Bällchenformens nannte Oma auch »Schleifen«.

Für 8 Personen

1 Würfel frische Hefe
250 ml Milch
150 g Butter
2 Bio-Eier
100 g Zucker
1 Prise Salz
1 kg Dinkelmehl
300 g fein gehackte Walnusskerne, plus mehr zum Bestreuen
50 g Butterschmalz

Puderzucker zum Garnieren

Außerdem
Auflaufform
feines Sieb

Die Hefe in 3 EL kalter Milch auflösen. Die restliche Milch lauwarm erwärmen und die Butter in einem kleinen Topf schmelzen lassen.

Eier, Zucker und Salz schaumig schlagen. Lauwarme Milch und Hefemischung unterheben und mit dem Mehl zu einem glatten Teig verkneten.

Den Hefeteig an einem warmen Ort abgedeckt 30 Minuten ruhen lassen. Anschließend in 12 gleich große Stücke zerteilen und mit den Händen zu Kugeln formen.

Den Backofen auf 220 °C (Ober-/Unterhitze) vorheizen.

Die Walnüsse auf einen Teller geben, das Butterschmalz in einem Topf zerlassen. Jedes Bällchen mit zerlassenem Butterschmalz bestreichen und so durch die Walnüsse rollen, dass nur eine Hälfte davon bedeckt wird. Die Buchteln in die Auflaufform legen und 40 Minuten im Ofen backen.

Herausnehmen, mit gehackten Walnüssen bestreuen und den Puderzucker darübersieben.

Bischofsbrot

Dieses Brot, das eigentlich ein Kuchen ist, mag ich sehr gerne. Es lässt sich wunderbar aufheben und im etwas trockeneren Zustand zum Tunken in den Kaffee verwenden. Der Duft, der durch die Küche zieht, wenn das Bischofsbrot mit Walnüssen und Rosinen im Ofen backt, versetzt mich immer in meine Kindheit zurück. Sobald Oma dieses Brot backte, schlich sich langsam die Adventsstimmung ins Haus. Das Bischofsbrot ist unsere Variante des rumänischen Cozonac, eines traditionellen Feiertagsgebäcks.

Für 1 Laib

150 g Rosinen
5 EL Rum
6 Bio-Eigelbe
140 g Zucker
1 Prise Salz
180 g Mehl
2 TL Backpulver
200 g Walnusskerne
150 g Blockschokolade

Außerdem
Kastenform

Den Backofen auf 180 °C (Ober-/Unterhitze) vorheizen.

Die Rosinen in einer kleinen Schüssel für 15 Minuten im Rum einweichen.

Eigelbe, Zucker und Salz schaumig schlagen. Nach und nach Mehl und Backpulver unterheben.

Walnüsse und Blockschokolade hacken und zusammen mit den abgegossenen Rosinen unter den Teig rühren. In eine eingefettete Kastenform füllen und 40 Minuten backen.

Ischler

In der Adventszeit ging bei Oma das große Backen los. Eigentlich schon acht Wochen vorher, da alle Zutaten in ausreichender Menge besorgt werden mussten. Das war immer eine tolle Zeit. Sobald es dunkel wurde, saßen wir um den Küchentisch und backten, redeten oder hörten Musik. Wir nahmen uns ganz viel Zeit dafür, denn Oma und Mama hatten stets den Anspruch, aus jedem Plätzchen ein kleines Kunstwerk zu kreieren. Wie Schätze wurden sie gehütet und kamen nur nach und nach auf den Tisch. Und wehe, es vergriff sich jemand an den Plätzchendosen – dann war der Teufel los! Auf den nächsten Seiten finden Sie die Plätzchensorten, die wir mit Oma am liebsten gebacken haben. Ischler sind heute die absoluten Lieblingsplätzchen meines Sohnes Karl.

Für ca. 25 Plätzchen

125 g Butter
80 g Zucker
1 Prise Salz
1 Bio-Ei
250 g Mehl, plus etwas mehr zum Arbeiten
Johannisbeermarmelade (oder eine andere Marmelade nach Wahl)
Puderzucker zum Garnieren

Außerdem
Teigrolle
2 Ausstechförmchen (5 cm und 3 cm Ø)

Alle Zutaten bis auf Marmelade und Puderzucker zügig zu einem Mürbeteig verarbeiten. Abgedeckt 30 Minuten im Kühlschrank ruhen lassen.

Den Backofen auf 180 °C (Ober-/Unterhitze) vorheizen.

Die Arbeitsfläche mit Mehl bestäuben und den Teig ½ cm dünn auswellen. Mit der größeren Ausstechform Plätzchen ausstechen. Aus der Hälfte der Plätzchen mit der kleineren Ausstechform mittig einen Kreis ausstechen. Gelochte und ungelochte Kekse auf 2 mit Backpapier ausgelegte Bleche legen und 5 Minuten backen, dabei sollen sie noch hell bleiben.

Herausnehmen und abkühlen lassen. Die Plätzchen ohne Loch jeweils mit 1 TL Johannisbeermarmelade bestreichen und mit den gelochten belegen.

Mit Puderzucker bestreuen und 1–2 Tage ruhen lassen, so werden sie schön mürbe.

Kokosmakronen

Für ca. 25 Plätzchen

4 Bio-Eiweiß
1 Prise Salz
150 g Zucker
2 EL Mehl
200 g Kokosraspel

Den Backofen auf 180 °C (Umluft) vorheizen.

Eiweiß und Salz mit dem Handrührgerät schaumig schlagen und den Zucker nach und nach einrieseln lassen. In einer weiteren Schüssel Mehl und Kokosraspel vermengen und unter die Eiweißmasse heben.

Mit zwei Teelöffeln Nocken abstechen und auf ein mit Backpapier belegtes Backblech geben. 10 Minuten backen, bis die Kokosmakronen außen knusprig und innen saftig sind.

Himbeersterne

Für ca. 25 Plätzchen

Für den Plätzchenteig
125 g Butter
80 g Zucker
1 Prise Salz
1 Bio-Ei
250 g Mehl, plus etwas mehr zum Arbeiten

Für die Glasur
200 g passierte Himbeermarmelade
100 g Puderzucker
1 EL Zitronensaft

Außerdem
Teigrolle
Ausstechförmchen in Sternform (3 cm)
Zahnstocher

Den Backofen auf 180 °C (Ober-/Unterhitze) vorheizen.

Alle Zutaten für den Teig miteinander vermischen, zu einem Mürbeteig verarbeiten und 30 Minuten abgedeckt im Kühlschrank ruhen lassen.

Die Arbeitsfläche mit Mehl bestäuben und den Teig ½ cm dick auswellen. Mit der Ausstechform Sterne ausstechen, auf mit Backpapier ausgelegte Bleche legen und 5 Minuten backen, dabei sollen sie noch hell bleiben. Herausnehmen und abkühlen lassen.

Für die Glasur Marmelade mit Puderzucker und Zitronensaft verrühren. Mit einem Teelöffel gleichmäßig auf die Plätzchen auftragen und die Glasur mit einem Zahnstocher in die Ecken der Sterne ziehen.

Die Himbeersterne 1 Tag an einem kühlen Ort trocknen lassen.

Vanillekipferl

Für ca. 30 Plätzchen

100 g Mehl, plus etwas mehr zum Arbeiten
150 g gemahlene Walnüsse
Mark von 2 Vanillestangen
1 Bio-Ei
1 Prise Salz
125 g Butter
80 g Zucker
100 g Puderzucker

Alle Zutaten zu einem Mürbeteig verkneten.
30 Minuten abgedeckt im Kühlschrank ruhen lassen.

Den Backofen auf 160 °C (Ober-/Unterhitze) vorheizen.

Den Teig in 4 gleich große Teile schneiden und jeweils zu 2 cm dicken Strängen rollen. Diese in 3 cm dicke Scheiben schneiden und mit den Händen zu kleinen Halbmonden formen.

Auf ein mit Backpapier ausgelegtes Backblech legen. und 20 Minuten im Ofen backen, bis die Vanillekipferl leicht Farbe annehmen.

Puderzucker in eine Schüssel geben.

Die Vanillekipferl herausnehmen und noch warm vorsichtig im Puderzucker wenden.

An einem kühlen Ort aufbewahren.

Omas Couch

Bahamabeige war in den 1970er und 1980er Jahren nicht nur eine Farbe, sie stand für eine ganze Generation! Auch für viele Siebenbürger Sachsen, die sich in Deutschland niedergelassen hatten, war diese Farbe eine Lebenseinstellung. Denn wer damals sein Haus baute, gestaltete das Bad, die Küche und sämtliche Möbel wie selbstverständlich in dieser beigen Farbenwelt – warum auch immer. Auch die Couch meiner Oma hatte diese Farbe. Nach ihrem Tod steht sie nun in meinem Wohnzimmer und erinnert mich an all die Nachmittage und Abenteuer, die meine Geschwister und ich auf Omas Couch erlebten: Wie wir auf ihr turnten, schliefen, fernsahen, aßen, rauften und rumalberten … Jetzt turne ich mit meinem Sohn auf dieser Couch. Nach dem Kindergarten zieht er sich am liebsten die Schuhe aus, hüpft auf das beige Sofa und isst Grießknödelsuppe. Wenn ich ihn dabei beobachte, kommen mir so viele Erinnerungen aus meiner Kindheit in den Sinn, und dann muss ich schmunzeln. Ich würde mir wünschen, dass er sich diesen Teil seiner Kindheit, genauso wie meine Brüder und ich, in Gedanken bewahrt, und sich gerne an das Sofa seiner Uroma erinnert.

Dank

Oma Edith wäre so stolz, wenn sie ihre Rezepte und Geschichten so gewürdigt sähe. Deshalb gilt mein Dank meiner Familie, meinen Freunden und all den Bekannten, die mir geholfen haben, dieses Buch, mein Herzensprojekt, zu realisieren.

Vor allem aber möchte ich mich bei Ihnen, den Leserinnen und Lesern dieses Buches bedanken, weil Sie sich die Zeit genommen haben, sich mit der Küche, Tradition und Kultur der Siebenbürger Sachsen zu beschäftigen. Tragen Sie die Lebenseinstellung meiner Großmutter Edith, die immer das Kleine und Einfache geschätzt hat, weiter und lassen Sie sie in Ihrem (Küchen-)Alltag weiterleben.

Register

Rainer Klutsch ist Lifestyle- und Entertainment-Koch in Stuttgart und betrieb bereits ein Cateringunternehmen, mit dem er u. a. Großveranstaltungen, Schnitzel-Abende und Kochkurse veranstaltete. Er ist regelmäßiger Gast in den Fernsehformaten »Kaffee oder Tee« (SWR) sowie dem »ARD-Buffet« und war Teilnehmer bei »The Taste« (SAT.1). Seine Familie stammt aus einem Vorort von Kronstadt (Brașov) in Siebenbürgen und wanderte in den 1970er Jahren nach Deutschland aus. Er lebt mit seinem Sohn und seiner Frau bei Stuttgart.

Zubereitungshinweise

Löffelmaßangaben: Falls nicht anders angeführt, sind stets gestrichene Löffel gemeint. EL und TL sind Abkürzungen für Esslöffel und Teelöffel.

Backofen: Der Ofen sollte stets auf die angegebene Temperatur vorgeheizt werden. Ein Ofenthermometer ist empfehlenswert. Die angegebenen Temperaturen gelten für konventionelle Backöfen mit Ober-/Unterhitze. Beim Backen und Garen mit Umluft muss die Temperatur jeweils um etwa 20 °C reduziert werden. Backen und garen Sie stets in der Ofenmitte.

Sterilisierte Einmachgläser verwenden.

Hygiene: Achten Sie bei der Zubereitung von rohem Fleisch auf peinliche Hygiene. Waschen Sie benutzte Schneidebretter, Messer, Arbeitsflächen und Ihre Hände nach Gebrauch sorgfältig heiß ab. Fleisch und Gemüse nie auf demselben Schneidebrett verarbeiten.

Fleisch sollte vor der Zubereitung immer trocken getupft werden.

Obst und Gemüse vor der Verarbeitung immer waschen, putzen oder bei Bedarf schälen.

Hinweis des Verlags

Alle Textstellen, in denen Edith Klutsch direkt oder indirekt zitiert wird, beziehen sich auf Interviews mit Rainer Klutsch. Für die Bereitstellung des Text- und Fotomaterials aus dem privaten Fundus der Familie Klutsch möchte sich der Verlag ganz herzlich bedanken.

Originalausgabe

2. Auflage Dezember 2021

GmbH & Co. KG, Bauhof 1
90556 Cadolzburg
www.arsvivendi.com

Druck: Appl, Wemding
Printed in Germany

ISBN 978-3-7472-0247-0

Rezepte und Informationen: Rainer Klutsch
Text und Konzept: Denise Maurer
Lektorat: Dr. Katrin Korch
Korrektorat: Inez Ulrich
Covergestaltung und Innenseitenkonzept:
Jessica Schwenke, Blackrabbit Design
Satz: ars vivendi
Rezept- und Autorenfotos:
© Stephanie Trenz, trenz-fotografie.com

Bildnachweis: © Familie Klutsch: kleines Foto Cover, S. 16, 23, 45, 73, 93, 133, 134, 183, 240 © AdobeStock: S. 1: Fernando; S. 2: twixx; S. 12: dziewul; S. 15: Furo Felix Photography; S. 20: Ocskay Bence; S. 24: Alberto Giron; S. 70: ADI MOIAN; S. 74: emperorcosar; S. 130: ionut alexandru coman/EyeEm; S. 180: Popa; S. 230: Melinda Nagy; S. 235: Fesus Robert »Kavita«; © Mauritius Images: S. 197: Alamy/ Aron M.